激動の資本市場を駆け抜けた女たち

ダイバーシティ&インクルージョンと価値創造

姜　理恵／三和裕美子／岩田宜子［編著］

東京　白桃書房　神田

本書の発刊にあたって

上場企業に女性の経営トップが依然、少ない。また、この1年で生まれた上場企業において、女性の創業者が含まれる企業は、2%ということである。なぜ、女性の起業家が生まれないのか。このことについて、先日、金融庁のサステナブルファイナンスの担当者とディスカッションをする機会があった。私は、従来から、男性は、競争という社会の中で、勝ったり負けたりする過程で、自己のアイデンティティを認識していくが、女性は、社会の中でいかに役に立っていくか、自分の社会での使命は何かということで、自己のアイデンティティを確立していく、とそれぞれのおおよそ傾向があることが原因ではと申し上げた。すなわち前者は（男性は）、事業の拡大と資金調達が最大の関心事になっていくが、後者の場合（女性の場合）、事業の拡大よりも、どう社会に貢献して評価されていくかというのが最大の関心事となってしまう。その結果、事業の拡大には関心がなく、また、「資金調達」という言葉も、「だまされるのではないか」「怖いもの」というように考えるのではないかというような話をした。

金融庁の担当者は、さらに、資金の出し手であるベンチャーキャピタルにも問題があり、女性ということで、色眼鏡をかけて評価をしているのではないかとの疑問を呈した。確かに、そのようなこともあるだろう。実際、私自身も、起業時、ベンチャーキャピタルの複数社に、資金調達に向けたプレゼンをしたことがあった。ＩＲやコーポレートガバナンスがこれからの日本企業に必要なことであると主張したが、そのうち、１社から出資を断られた。その理由は、「ＩＲやガバナンスの分野のコンサルティングビジネスは、まだ、日本では誰もやっていないから」というものであった。ベンチャーキャピタルの意義はそもそも何であろうかと仰天した記憶がある。あれは、もしかして、女性起業家への差別の言葉だったのだろうか。今となっては、確認する術はないが、最近上場したベンチャー企業の女性経営者の多くは、金融機関の出身ではないだろうか。まずは、「資金調達」という言葉は日常的であり、恐怖や困惑はない人たちであろう。

話は前後してしまうが、姜先生と三和先生から、「現在、営利団体であれ非営利団体であれ、組織運営に携わりながら活躍している女性は金融機関出身者の割合が多いのでは」ということを伺った。生き馬の目を抜く金融業界で、しかも、日本企業の中で最も保守的と思われている金融機関にいた女性たちが、なぜ、今、企業経営のフロントランナーにいるのだろうか。これは確かに疑問である。また、一方で、このことへの追及が、今後のジェンダー問題、多様な考え方を経営に反映させるなどの一連を促進するための鍵があるという両氏の主張はうなずけるものがある。

そのような背景でスタートした、ＣＡＰＷ（資本市場と女性の研究所）の活動であるが、それを学術書として残して、今後の女性が働くためのロールモデルへの模索、また、女性を巧く活躍させたいと考える人たちにとって役に立つことを目指す。本書でインタビューした女性たちは、自らの意思でそして時々現れる「運（出会い）」に導かれて自分の人生を切り拓き、本人は、自分が成功しているとは思っていない人もいるであろうが、少なくとも、自分の仕事に満足している人たちである。この人たちのまずは、人となりを追究していくことを目標とする。このことは非常に価値があることであろう。実際、私も何人かとのインタビューに同席したが、綺羅星の如く珠玉の言葉、エピソードであふれていた。それを見つけるだけでも本書の意義があると思う。

さらにもう1点、付け加えたいことがある。現在日経新聞の「私の履歴書」にて、赤松良子氏が登場している（２０２１年12月）。赤松氏は、私にとって、母親世代であるが、その当初の苦労話を読んでいると、私自身の経験とだいぶ重なっていたのだ。これは、人生における大きな時間の損失ではないだろうか。同じような苦労を後輩にはさせまい、と強く誓った次第である。本書がそのことに役立つものであると確信する。

なお、本書の出版にあたって、元ＪＰＸの社長であった宮原氏に、対談に参加していただいた。氏は、上場企業のダイバーシティに関心があるばかりでなく、ＪＰＸ自体のダイバーシティに力を注いだ方でもある。さらに、本書の発行を快く引き受けてくれた白桃書房・代表取締役社長の大矢栄一郎氏にも心から感謝を述べたい。

２０２１年12月５日記

岩田宜子

◆目次

第1部

資本市場と女性

1 資本市場とダイバーシティ&インクルージョン
―サステナブルファイナンスの視点から―三和裕美子

1 ▼ はじめに

「202030」は、2003年小泉政権のもとで、あらゆる分野で指導的地位に占める女性の割合を2020年に30%にしようと定められた目標である。また、「202010」は、2020年に女性の役員比率を10%にする目標である。国・地方自治体・企業はこの目標に向かい女性管理職の育成に努めてきたというが、17年間の努力の結果は現状1割にとどまり大幅に未達であった。女性の役員比率も2021年現在で7.8%とこちらも未達である。政府は、20年代の可能な限り早期に30%を目指すという新たな目標案を示したが、具体的な策は見えてこない。

上野千鶴子氏は、2017年に「202030」について次のように指摘している。

「202030」は、現状では、「男性稼ぎ主型」の働き方を維持したまま、そこに女性の参入を促すようなものだろう。（中省略）女性はこれまで十分に変化してきたし、力もつけてきた。変わらなければならないのは国家、社会、企業など男性社会の側である。[1]

これまでの国家、社会、企業など、男性中心の社会においては、個人は器官として、均質な価値観の基に機能することで、全体の効率化、経済的価値の最大化に貢献してきた。この中で多様な個人の価値観は必要ではなく、矯正されるか、排除されるかして均質化されていった。つまり、20世紀の資本主義は均質化した価値観を土台に自然資源を一方的に利用することで発展してきたのである。なぜ今、ＳＤＧｓやＥＳＧが議論されているのか。それは、これまでの経済成長は無限の自然資本を前提としてきたが、現在の地球や社会の状況に鑑みれば、もはや持続可能な世界が危ういということに世界の人々が気づき、行動し始めたということである。新しい価値観、ダイバーシティ&インクルージョン（以下Ｄ&Ｉ）、多様性を包摂する価値観こそが、持続可能な社会や地球を創っていく根幹だと思う。

ダイバーシティとは、組織において、人種、性別、国籍、学歴など多様な人間の存在を尊重し、インクルージョンとはそれぞれが高い個性を認め、一つの組織となってその組織を活かすということである。多様な価値観が活かされる国家、社会、企業を創造する必要がある。多様な価値観が活かされる場では、それぞれが他者に共感することにより、さらに多様な価値観の実現が促進される。Ｄ&Ｉの中でもわが国においては、ジェンダー・ダイバーシティを実現することが喫緊の課題であり、何をどう変えてゆくのかを示す必要がある。

世界経済フォーラム（World Economic Forum：WEF）が、２０２１年３月に公表した「The Global

Gender Gap Report 2021」によれば、日本の総合ジェンダーギャップ指数は156か国中120位であった。この指数は、「経済」「政治」「教育」「健康」の四つの分野のデータから作成される。わが国は先進国の中で最低レベル、アジア諸国の中で韓国や中国、ASEAN諸国より低い。

私たちは、古い価値観を変える重要な役割を果たすことができる手段として、金融・資本市場の資産配分機能に期待したい。国家、社会、企業に対して資金を融通することで、多様な価値観に基づく社会を実現することは、サステナブルファイナンスと呼ばれている。本書は、サステナブルファイナンスの重要な役割を担う資本市場に焦点をあて、まず、そこで活躍されている女性たちの「生の声」を聴くことで、資本市場と多様性についての探求を試みるものである。このことは、サステナブルファイナンスで多様な価値観に基づいた社会を構築する第一歩であると考える。

次節では、資本市場がD&I推進に対してどのように貢献できるのかについて、機関投資家の台頭とサステナブルファイナンスの観点から考える。第3節では、取締役会におけるD&Iに対する米国の取り組み、考え方を紹介する。米国におけるボードダイバーシティは日本によりもはるかに進んでいるが、EUに比べると遅れているという問題意識のもと、認知、制度、文化的バイアスの要因からその原因と対策について考察している。最後に、米国の議論を参考にわが国の取締役会におけるD&Iについて検討する。

2 ▼機関投資家の台頭とサステナブルファイナンス

▼機関投資家の成長とサステナビリティ

現代の先進資本主義諸国の大企業においては、機関投資家の株式保有比率が高まり、もの言う株主の存在が大きくなっている。20世紀前半から大企業における「所有と経営の分離」が起き、専門的経営者が大企業を経営するいわゆる「経営者支配」の状態が起こった。アメリカ経済学、ファイナンス理論においては、経営者支配から起こる「エージェンシー問題」が議論され、経営者が本人である株主から経営を委託されたエージェント、代理人であるため、株主の意図どおりに経営者が動かないことから起きる、エントレンチメント（自己保身）を防ぐことが第一義的な課題とされた。こうした問題を防止するための費用がエージェンシーコストと呼ばれ、このエージェンシーコストをいかに小さくするかが、コーポレートガバナンス論や現代ファイナンス理論の課題となり、株主価値極大化経営について学会や実務会においても議論された。しかし近年においては、企業を「株主と経営者」の関係のみから見るのではなく、マルチステークホルダーズを重視する方向へと変化している。

一方で、現代の株主構成を見ると機関投資家への資産集中がますます高まっている。全世界の機関投資家の資産残高は１京円を超えてきており、ブラックロックなどの米上位３資産運用会社で、S&P500企業の約25％の株式（議決権ベース）を保有している。日経225銘柄の国内外の機関投資家（アセット

図1　国内外の資産運用業者の株式保有比率とエンゲージメント等の推移

（単位：%）

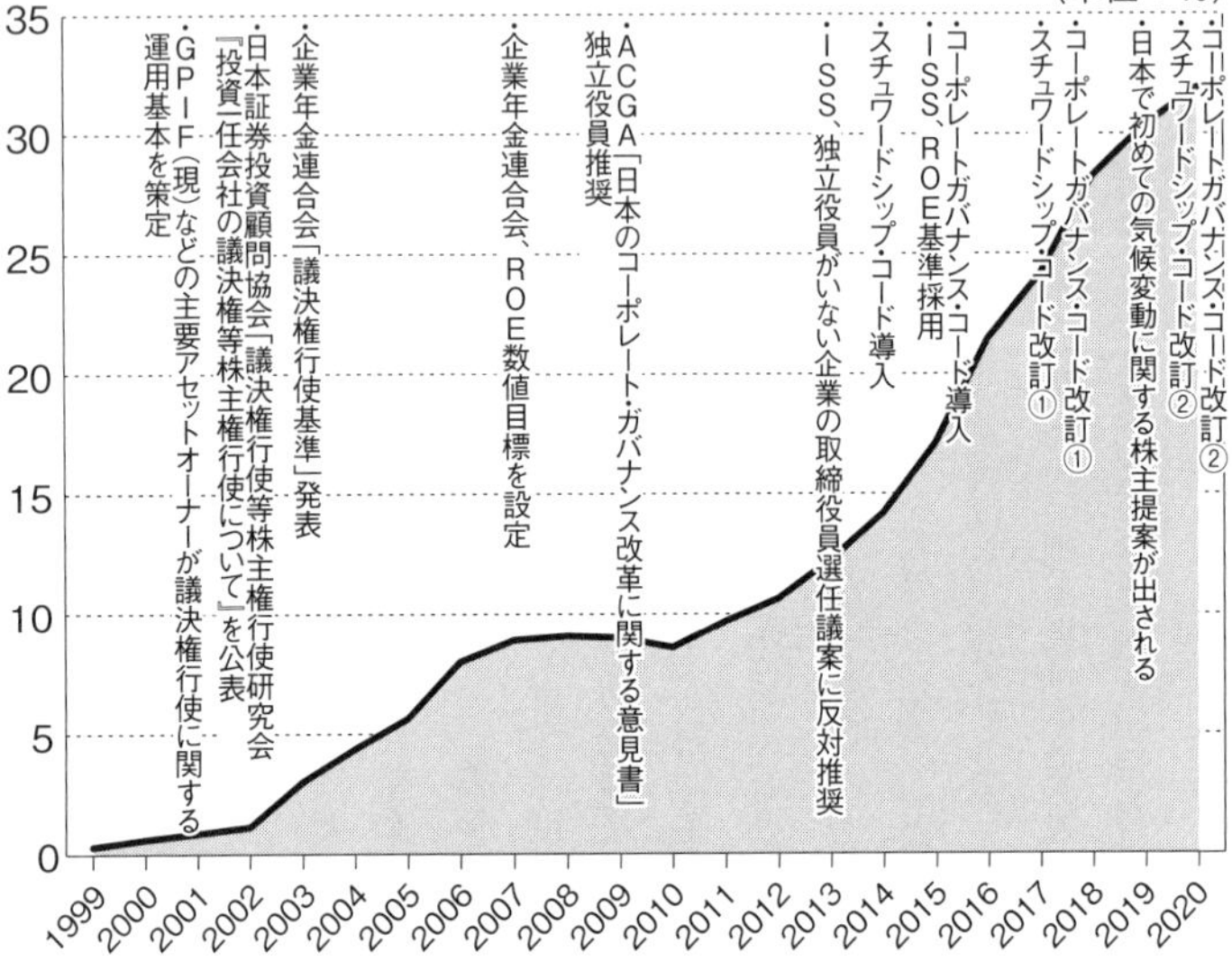

出所：Factsetデータ、各種資料より筆者作成

マネージャー、アセットオーナー）の持ち株比率を見ると、1999年には1%にも満たなかったが、2020年においては30%を超えている（**図1**）。日経225銘柄の中には同比率が50%を超えている企業もある。2014年のスチュワード・コード導入、及び2015年のコーポレートガバナンス・コード導入とその後の資産運用会社の株式保有比率の増加によって、彼らの株主としての役割と責任はますます大きくなっている。

　有価証券報告書の大株主欄に信託口やマスタートラストが並ぶ企業が多いが、FACTSETデータ（2021年8月19日）によれば、実質株主として、米国勢ではBlack Rock Advisors や Fidelity Management & Research Co. LLC（**図2**）、国内では野村アセットマネジメントや日興アセットマネジメントなどを筆

図2 米資産運用会社の株式保有残高

（単位：100万ドル）

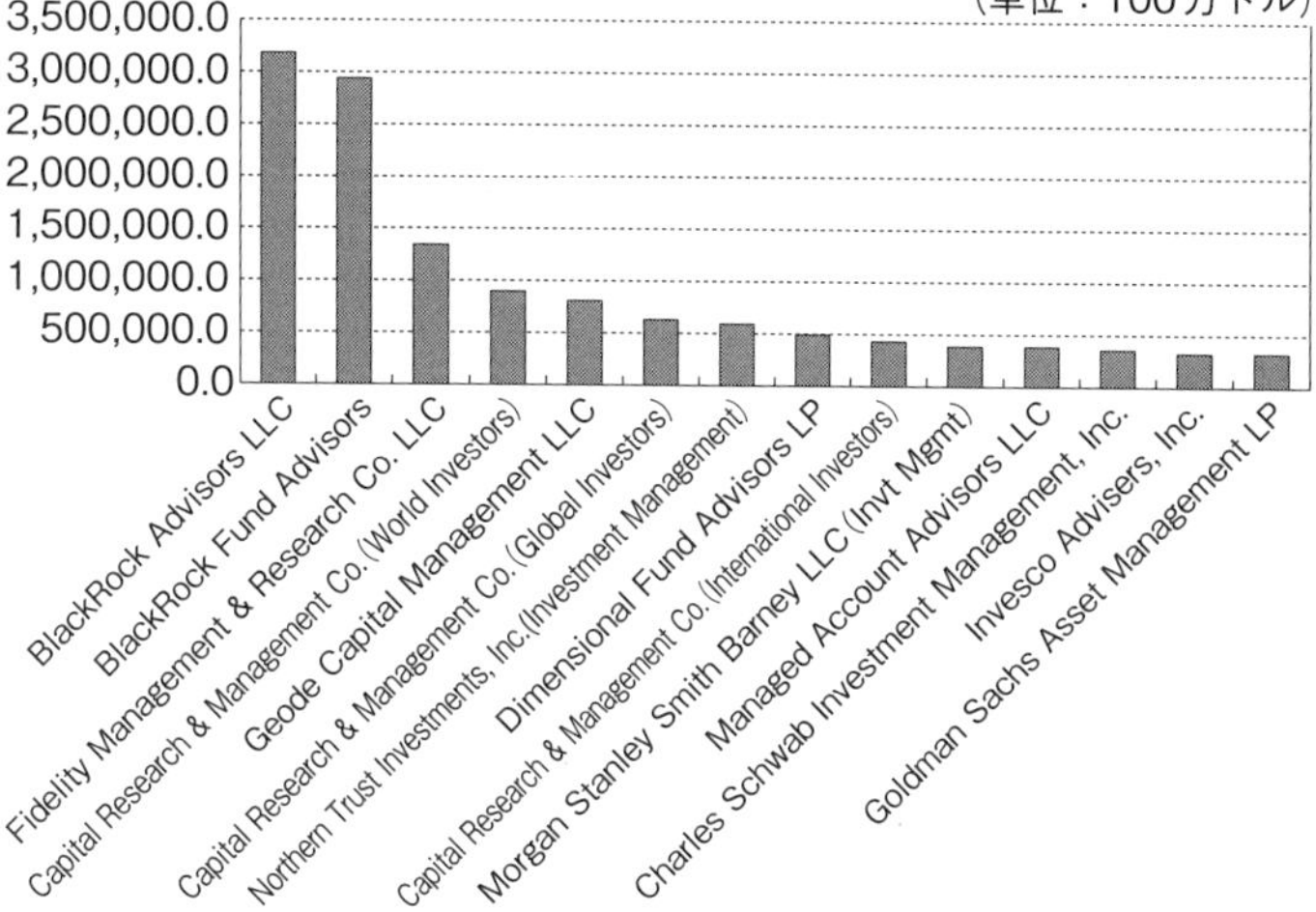

出所：Quick Factsetデータより作成

図3 国内資産運用会社の株式保有残高

（単位：100万ドル）

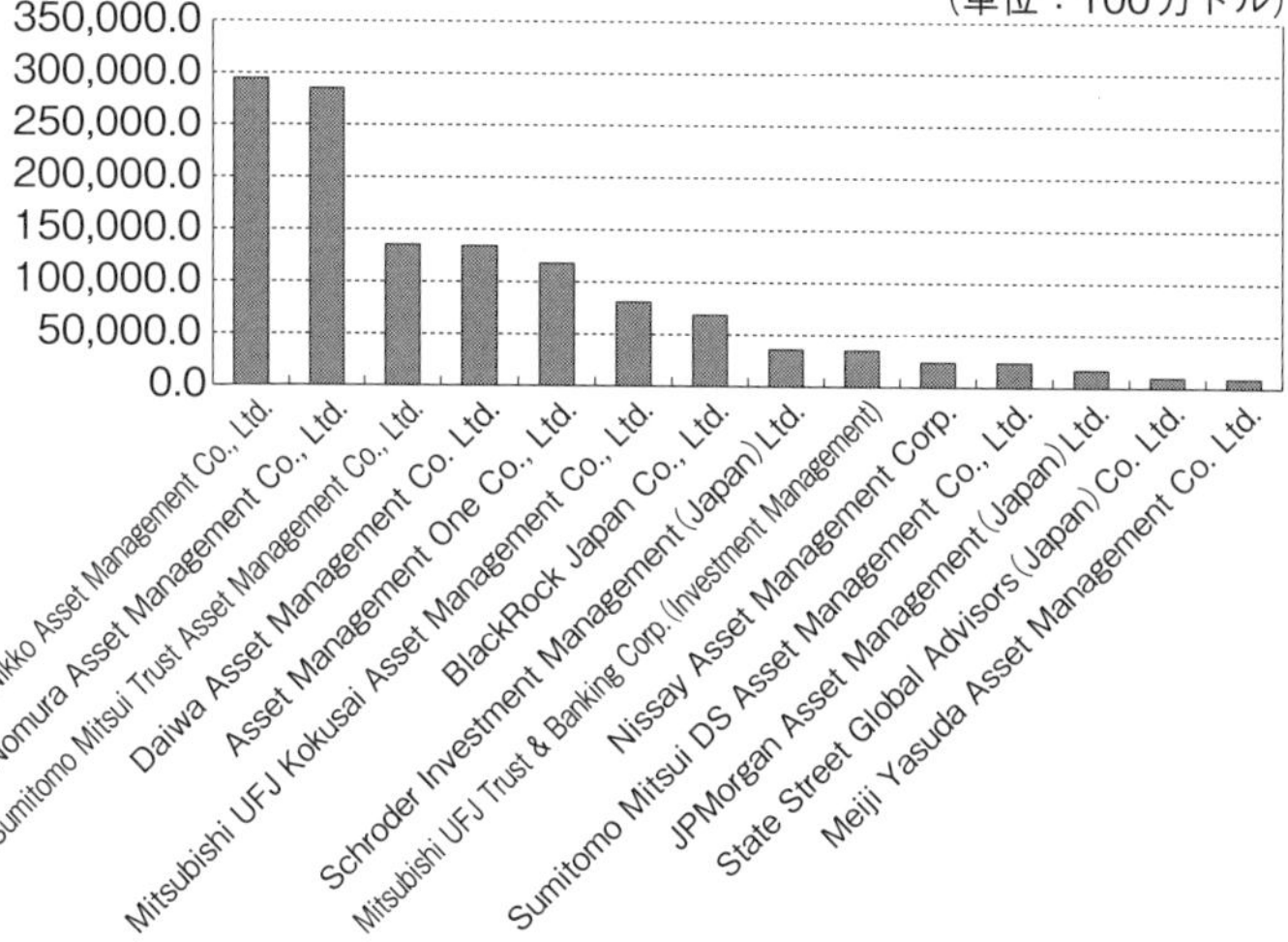

出所：Quick Factsetデータより作成

頭に１１７０社の機関投資家が名を連ねている（**図３**）。これらの機関投資家が保有する日本株の時価総額は、約１７０兆円にものぼる。この内訳は日米英の機関投資家でほぼ占められており、２０２１年8月現在で、それぞれ約１０１兆円、約41兆円、約21兆円である。つまり、彼らだけで東京証券取引所の時価総額の4分の1近くを占める資産を保有していることになる。このように、この20年間の大きな変化は機関投資家が株主として台頭してきたことである。彼らによる日本企業の持ち株比率が50％を超える日もそう遠くないと考えられる。機関投資家には議決権や対話、エンゲージメントを通して企業に影響を及ぼす力があり、社会や地球環境をも変えることができるのである。この力がわが国のＤ＆Ｉを促進する力となることを期待したい。

▼サステナブルファイナンスのフレームワーク

サステナブルファイナンスは、地球環境などの外部性をファイナンスがどのように解決するかという問題である。

私たちの経済モデルは、もともと無限に豊富な資源と財があるということを前提として組み立てられている。それは19世紀の産業革命に始まり、私たちに大きな経済成長をもたらすと共に、私たちの生活は豊かになった。しかし、産業革命とその後の経済成長は、経済・社会・地球の生態系に甚大な影響を与えた。従来の経済モデルと成長の限界が指摘されるようになったのは１９７０年代初頭である。当時民間のローマクラブが初めて、地球の生態系は最新の技術をもってしても２１００年以降は経済と人口の成長を支え

表１　サステナブルファイナンスのフレームワーク

型	創造される価値	要因の順位	最適化	時間軸
通常のファイナンス	株主価値	F	Fの最大化	短期
SF1.0	洗練された株主価値	F＞SとE	SとEを視野に入れたFの最大化	短期
SF2.0	ステークホルダーズ価値（トリプルボトムライン）	I=F+S+E	Iの最適化	中期
SF3.0	公益的な価値	SとE＞F	Fを視野に入れたSとEの最適化	長期

F：財務的価値、S：社会的インパクト、E：環境インパクト、I：統合的価値、SF1.0では、副次的なSとEの制約の下のFの最大化
出所：ディアクラーク・シューメイカー＆ウィアラム・シュロモーダ著［加藤晃監訳］（2020）、p.26.

ることはできないと強調した。その後、国連のブルントラント委員会報告書（「環境と開発に関する世界委員会」１９８７年）が公表され、国連が主導して持続可能な開発を各国に呼び掛けた。同報告書は持続可能な開発を「将来世代のニーズを満たす能力を損なうことなく、現在の世代のニーズを満たすような開発」と定義している。私企業を通して形づくられている私たちの経済システムは、今日様々な環境・社会的インパクトを生み出す。このような影響は外部性と呼ばれ、それは生産者の意思決定と深く関わる問題である。私たちは今日、環境問題、社会的基盤、経済などの様々なレベルにおける持続可能な開発課題に直面しており、サステナブルファイナンスはこの解決に向けて重要な役割を果たすのである(2)。

ここで重要なことは、私たちは従来の経済モデルの限界性に気付いた点である。すなわちこれまでの経済モデルでは、人類と自然とを別のものとしてとらえてきたが、そこにおける矛盾が露呈した結果、私たちは人類も自然

の一部であること、また自然は多様な存在で成り立っていることを改めて認識したのである。地球環境、社会、経済における閉塞感は多様性の欠如からくるのである。つまり政治、社会、経済などのあらゆる分野でのD&Iの問題は、サステナビリティの根幹であり、サステナブルな未来の社会にはD&Iは不可欠なのである。

表1はサステナブルファイナンスのフレームワークを示したものである。サステナブルファイナンスの進化は、株主価値からステークホルダーの価値またはトリプルボトムライン（人、地球、経済的利益）への広がりを示している。通常のファイナンス論では、株主価値の最適な経済リターンとリスクの組合せを探すことで最大化される。ここでは株主価値の極大化のみが目的となる。効率的市場仮説に基づくインデックス運用、また株主価値の短期な最大化を求める「もの言うファンド」などはこの分類に属する。サステナブルファイナンスが進化すると、戦略とファイナンスに持続可能性を統合するようになる。

SF1.0は、問題のある企業を投資対象からは外す、もしくは売却（ダイベストメント）をする、いわゆるネガティブスクリーニングの段階である。例えば、タバコ・対人地雷・クラスター爆弾を製造・販売する企業や児童労働で搾取をする企業、環境面では、廃棄物の投棄と捕鯨関連企業を排除することが行われている。近年では、炭素排出をしていることを理由に化石燃料関連企業もエクスクルージョン（除外）リストに含まれつつある。

SF2.0では、負の社会的・環境的外部性を投資の意思決定に取り入れていく、インテグレーションの段階である。ここでは中長期的なリスク要因としてこれらの外部性をとりこむようになる。SF2.0における企業の対応としては、トリプルボトムラインに基づいた統合報告書やＣＳＲ・ＥＳＧ報告書の作成などがあり、投資家はＥＳＧの様々なデータ分析により、通常の財務分析に非財務情報を組み入れた企業評価、投資分析を行う。ＳＦ３．０では、ＥＳＧに対応しないことの評判リスクの考慮から、ＥＳＧに対応することで企業価値を向上できる機会へと移行する。ここでは社会的・環境的インパクトを生み出す可能性のある投資プロジェクトの活用が試みられる、インパクト投資やコミュニティ投資の段階である。例えば、ヘルスケア・グリーンな建物・集合型風力発電所、電気自動車メーカー、土地再利用プロジェクトに資金を提供することにより、ファイナンスは持続可能な開発を育成する手段となる。

長期的な財務リターンを視野に入れつつ、投資時点で社会・環境リターンを最大化することを選択する。責任ある社会・環境的慣行を採用している企業は、比較グループと比べて、財務の変動性が低く、売上高成長率が高く、存続可能性が高いという分析もある。[3]

近年では世界的にインテグレーションの段階に進んでいるが、ＳＦ３．０の投資手法を採用している金融機関はまだ少ない。今後はインパクト投資、コミュニティ投資の残高が拡大していくであろう。サステナブルファイナンスは、地球環境に関する課題（Ｅ）、Ｄ＆Ｉを含む社会的な課題（Ｓ）、コーポレートガバナンス（Ｇ）に関する課題などを、その資産配分機能に基づき解決できるのである。

3 ▼ 取締役会におけるジェンダー・ダイバーシティへの取り組み

本節では、企業の取締役会におけるD&I、特にジェンダー・ダイバーシティについて検討する。取締役会の多様性とは、上場企業の取締役会に一定以上の割合の女性や外国人が含まれることを意味する。女性の最低比率を定めている国もあり、フランスの上場企業は男女各40％以上のメンバーで構成することが義務付けられている。すなわち男女のジェンダーについていえば、一方の性が40％を下回ってはいけないということである。ある組織における3分の1、33．3％という数字は最低ラインとされるが、これはクリティカル・マスの考え方に基づいている。集団の中でたとえ大多数でなくても、存在を無視できないグループになるための分岐点があり、それを超えたグループがクリティカル・マスと呼ばれている。例えば、政治分野では女性が議員になっても、その割合が極端に少ないことで、象徴的な存在に留まってしまう現状がある。これでは、女性の立場を活かした立法や政策を実行したくてもできず、結局、成果を残せないという状況になってしまう。同様のことは取締役会においてもいえる。わが国においては、取締役会の女性一名いればよいという風潮があるが、これでは十分な影響力は期待できない。こうした状況から抜け出すには、クリティカル・マスの考え方に基づき、女性の数を増やし影響力を持てるグループになることが必要である。上場企業の取締役会の女性比率を高めることは、女性が現代社会において経済的平等を実現するための重要な取り組みであろう。

取締役会に参加する女性は、意思決定に異なる視点をもたらすだけでなく、彼女たちの存在によってチームの男性が情報をより徹底的に処理するようになり、より反省的でオープンな思考を持つようになるという研究結果もある。(4) このような異質性は、より多くの情報を得た上での意思決定プロセスにつながり、また、非倫理的で破壊的な意思決定を助長する集団思考の問題を防ぐことにもなる。(5) したがって、重要な意思決定の場に多くの女性を参加させることは、公平性や道徳的な理由から重要であるだけでなく、より良い結果をもたらすことになる。

このような研究があるにも関わらず、米国における取締役会のジェンダー・ダイバーシティは、欧州に比べて後れを取っている。このことを問題意識として行われたHouser & Williamの研究は興味深い。(6) わが国における取締役会のジェンダー・ダイバーシティは、米国よりもはるかに遅れており、この議論はわが国にも参考になる。以下、Houser & Williamの研究に基づいて考察する。

彼らは、米国における取締役会の多様性が進んでいないことは、相互関連するバイアスシステムが原因であると分析している。それらは、(1) ゲートキーパーの役割を担う人々の個人的な認知バイアス、(2) 制度的バイアス、つまり取締役の選出プロセス、(3) 米国の文化的な規範、などである。これらの根本的な障壁を解決しない限り、女性は企業の取締役会を含む社会の権力や影響力のあるポジションから排除され続けるとしている。

(1) 個人の認知バイアスとは、女性の能力やリーダーシップに対する固定観念の問題である。例えば、実際にはその事実は証明されていないにも関わらず、取締役を務める資格のある女性が不足しているなど、プールやパイプラインの議論がある。また、親和性バイアスやイングループバイアスが女性にとっての障壁となっている。親和性バイアスとは、自分と同じような人を好む傾向のことで、男性が多数を占める取締役では、この親和性バイアスにより女性候補者を選ばない傾向がある。日本でも女性役員が少ないことが問題視されるが、「候補者が少ない」ことが主要因として挙げられてきた。

（2）制度的バイアスとは、特定の機関の手続きや慣行が、特定の社会集団を有利にする一方で、他の社会集団を不利にしたり、切り捨てたりする形で運用される傾向のことをいう。これは意識的な偏見や差別ではなく、多数派が既存のルールや規範に従った結果として形成される。歴史的な女性の従属に加えて、取締役会のメンバー選出プロセスに問題があると指摘される。ネットワークの同質性は、個人バイアスを強化する制度的要因となる。

（3）文化要因については、Hofstede指数を用いて説明される。この指数は「職場などにおける価値観が文化によってどのように影響されるか」を表すものである。Hofstedeによれば、文化とは、あるグループやカテゴリーに属する人々を他の人々と区別するための心の集合的なプログラム、と定義される。

ジェンダー平等に関連する文化的要因のうち、「マスキュリニティ（男らしさ）」、「パワーディスタンス（権力への距離）」、「不確実性の回避」の三つの指数を中心に議論されている。

「マスキュリニティ」とは、競争やタフであることなど、伝統的に男性的な規範を重んじる文化の度合いを示すものである。この指標によると、男らしさのスコアが高い国では個人の達成感を重視し、このスコアが低い国では協調性や集団の幸福感を重視する。さらに、「マスキュリニティ」の高い社会では、男女の役割がより明確にわかれており、男性は自己主張が強く、タフで、物質的な豊かさを重視し、女性は控えめで、優しく、生活の質を重視することが求められる。男らしさの高い文化は、より厳格な男女の役割に重点を置き、一方、男らしさの低い社会では、男女の役割が重なり合い、より流動的で、男女ともに協調性があり、生活の質にこだわる傾向がある。

「パワーディスタンス」は、社会が階層間の格差を許容しているかどうかを表している。「パワーディスタンス」のスコアが高い国は、不平等に対する許容度が高いことを示している。したがって、「マスキュリニティ」と「パワーディスタンス」の両方のスコアが高い文化は、権力を持つ女性を評価する可能性が低いといえる。不確実性回避指数はその文化がどの程度確実性を求めているかを示しており、同スコアが高い文化は、法的な義務をつくり、それに従う傾向が強いといえる。

Hofstede指数に基づいて米国の文化を見ると、「パワーディスタンス」が低く、「マスキュリニティ」が高い一方で、「不確実性回避」が低い。つまり、米国民は、少なくとも平等であることを重視するが、「マスキュリニティ」が高いことから、女性の権利を制限しているといえる。これに対して、「不確実性回避」が低いことから、法的なルールやコードは敬遠され、自発的な努力によって問題を解決する傾向にある。取締役会の多様性を高めるための戦略として、米国は自発的な対策に頼ってきた。米国のように男らしさのレベルが高い国では、法律の介入なしに女性がビジネスや政治に進出することは困難である。しかし、法規制やコードに拠らない資本市場からのアプローチで、問題解決に努めるのが米国のやり方である。

一方、「マスキュリニティ」が低く、「パワーディスタンス」、「不確実性回避」の度合いが高いEU諸国

	取締役会におけるジェンダークォータ	取締役会における女性比率（2019）	取締役会の女性比率を高めるための施策開始時期	取締役会における女性比率目標達成に係った年数-達成日（実際の比率）	クォータ達成に係った年数-達成年（実際の比率）
	40	45.3	2011（21.6）	5-2016（41.2）	5-Met 2016（41.2）
	33	36.1	2011（05.9）	4-2015（28.6）	6-Met 2017（34）
	33	35.9	2011（10.9）	6-2017（30.7）	8-Met 2019（34.4）
	30	31.3	2011（25.1）	3-2016（27.5）	5-Met 2018（30.7）
	30	35.6	2011（26.1）	1-2016（29.5）	2-Met 2017（31.9）
	30	31.3	2011（19.2）	1-2018（26.1）	2-Met 2019（31.3）
	40	26.2	2007（06.2）	8-2015（14.2）	Fail
	20/33.3	24.6	2017（16.2）	2-2018/20（21.6）	1-2018 Met/Open（21.6）
		20.2			
		7.4（2021年）			

においては、法的ルールが有効であることを示している。このためクォータ制が成功していると指摘されている。例えば、「マスキュリニティ」のスコアが低いフランスが取締役会のジェンダー・ダイバーシティの達成に成功しているのは、文化的背景と、取締役会の多様性に関する法律を「女性の特定の権利や利益を促進するのではなく、両方の代表者を確保することで人間性を向上させる」という枠組みで捉えているからである。また、イタリアのように男らしさのスコアが高い国では、「不確実性の回避」指数が高いため、ジェンダー・ダ

表２　Hofstede指数による各国の文化比較

国	マスキュリニティ	パワーディスタンス	不確実性回避	クォータ制に満たない状況の場合のペナルティ	政治的なクォータ制
France	43	68	86	Open seat and loss of fees	あり（規制）
Italy	70	50	75	Severe fines and loss of fees	あり（規制）
Belgium	54	65	94	Open seat and loss offees	あり（規制）
Netherlands	14	38	53	Comply or explain	任意
Germany	66	35	65	Open seat	任意
Austria	79	11	70	Open seat	任意
Spain	42	57	86	Incentives only	あり（規制）
Portugal	31	63	99	Open seat (potential fine after 360 days)	あり（規制）
U.S.	62	40	46	None	任意
日本	95	54	92	None	任意

出所：Houser & Williams（2021）より筆者作成

イバーシティに関する法律を遵守する可能性が高くなる。日本は「マスキュリニティ」、「不確実性回避」は極端に高く、また「パワーディスタンス」も平均より高い（**表２参照**）。このような文化を持つ国で、女性の活躍を評価、促進することは、自主ルールに任せておいては困難である。法的な義務、あるいはそれに準ずるルールをつくり、もしくは株主の行動など、資本市場からのアプローチでD＆Iを促進することが必要であろう。

4 ▼資本市場によるD&Iの促進

前述のHoftede指数によれば、米国は「不確実性回避」スコアが低い。そのため拘束力を持つハードローはもとよりソフトローをも敬遠する傾向にある。このことは、1929年の株式大暴落、その後の世界不況を契機として議論されたコーポレートガバナンスにもよく表されている。すなわち、米国において、株式会社をどのように監督するかについては、株主による民主的規制がその理念とされた。1930年代以降に整備された証券取引法の理念は「開示」にあり、また株主提案権制度の導入など株主による「会社民主主義」が目指された。このような背景から米国では、株主議決権行使や、株主提案権制度の利用、また対話といった株主による企業のモニタリング、コミュニケーションが1930年代より盛んである。さらに1970年代には企業の社会的責任を追及する手段としてこれらが用いられ、こうした動向が現在のESG投資につながっている。本節では、米国における機関投資家のD&I関連動向を概観する。

▼米国における株主・投資家の取り組み

世界最大の資産運用会社であるブラックロック・インクは、2021年から投資先企業に対し、取締役会や従業員の人種や性別の多様性を高めるよう働きかけており、行動を起こさない取締役に対しては反対票を投じるとした。約7.8兆ドル以上の資産を管理するこの資産運用会社は、米国の企業に対し、従業員の人種、民族、性別の構成（ＥＥＯ‐１レポート）と、多様性と包括性を促進するために取っている措置を開示するよう求めている。

約３兆ドルの資産を運用するステート・ストリート・グローバル・アドバイザーズ社も同様の方針であり、ジェンダー・ダイバーシティに関する推奨事項の行動をとらない企業の役員選任議案に反対票を投じる方針を示した。ステートストリートは、その提言の中で、女性取締役の割合が高い企業は、より高い水準のＲＯＥを達成していることを指摘している。

取締役会の性別の多様性を高めるためのもう一つの民間の解決策は、上場を目指す民間企業が取締役会の女性の数を増やさなければならないという、投資家主導の要件である。米国の投資銀行のゴールドマン・サックスは２０２０年に、上場予定企業の取締役会に少なくとも一人の白人・男性以外がいない場合、新規株式公開（ＩＰＯ）を引き受けないとの方針を示した。

米証券取引所ＮＡＳＤＡＱは、上場企業に取締役会の多様性確保を求める規制を２０２１年９月に制定した。これは、ＮＡＳＤＡＱ主要上場企業に対して、取締役会のメンバー二名以上を「多様」とされる要件を満たすものから選任する。多様とされるメンバーのうち一名は女性であると自認する一名、もう一名は過小評価されている社会的マイノリティーまたはＬＧＢＴＱと自認する個人でなければならない。この二名以上の「多様」な取締役を選任していない企業は、その理由を説明する必要がある。Comply or Explainルールである。ルールの実施時期については企業区分によって異なり、このような要件を満たせない上場企業に対し、ＮＡＳＤＡＱが２０２２年12月１日までの間、多様な取締役候補者を紹介するサービスを提供するという。

同市場の新ルールは、広範囲に影響を及ぼし、同証券取引所に上場している企業に、女性、人種的マイノリティー、LGBTの人々を取締役会に加えることを促すことになる。このような大胆な動きが成功すれば、女性、特に有色人種の女性がリーダーシップを発揮することが当たり前になり、文化的な変化もより促進される可能性がある。

さらに米国では、多くの公務員退職年金基金が、女性が30％以上含まれていない企業の取締役会への投票を差し控えることを表明している。例えば、カリフォルニア州の公務員退職年金制度、CalPERSは、企業に対して取締役会の多様性に関する方針の開示を求めている。またCalPERSは近年、男性のみの取締役会のカリフォルニア州の企業125社に対し、少なくとも一人の女性を任命しなければ、この問題に取り組むことを促す株主イニシアティブを開始し、対話などを進めるとした。さらに対話で解決しない場合には、株主提案も辞さないことも明らかにしている。マサチューセッツ州、ニューヨーク州、ロードアイランド州の年金基金においても同様の動きが見られる。

2014年、ニューヨーク市会計監査官のスコット・ストリンガーとニューヨーク市年金基金は、「ボードルーム・アカウンタビリティ・プロジェクト」（以下、BAP）を立ち上げた。このプロジェクトは、「企業の取締役会の構成を決定する際に、投資家の関与を高める」ことを目的とし、第二段階の「BAP2.0」では、D&Iを「経済的成功のための戦略」と位置づけ、取締役のスキルマトリックス公開などを要請した。2018年6月には、BAP対象企業の85社以上が、プロセスの改善と透明性の向上について報告を行った。さらに、ＢＡＰは、「大規模かつ長期的な株式所有者」に、「取締役候補者を指名する」ことができることを目指して、プロキシーアクセスキャンペーンを開始した[7]。また、ニューヨーク市は、「ジェンダー・エクイティ委員会」の公開会議を開催して不平等と差別の問題に取り組んでいる。このように米国では株主権の行使、株主提案などを利用したＤ＆Ｉの促進、またアセットオーナーが関連キャンペーンを行うなど、投資家が積極的に社会変革に向けて動いている。

5 わが国におけるコーポレートガバナンス・コード改訂と多様性の確保

２０２１年6月にわが国のコーポレートガバナンス・コードが改訂された。今般のＣＧコード改定は、２０１５年の導入後3年ぶり二度目であるが、東京証券取引所の市場区分の見直しが同時期に進められ、内外からの注目度が高い。主な改定のポイントは、取締役会の機能発揮、中核人材のダイバーシティ（多様性）の確保、そしてサステナビリティ（持続可能性）への取り組みである。東証の市場改革後のプライム市場上場企業には、取締役会の3分の1以上の独立取締役が求められる。

ＣＧコード改定に合わせて、投資家と企業の対話ガイドラインも改定された。主な改定の内容とその背景は、以下のようである。経営環境の変化に対応した経営判断の項目に、ＥＳＧやＳＤＧｓに対する社会的要請・関心の高まりやＤＸの進展、サイバーセキュリティ対応の必要性、サプライチェーンでの公正・適正な取引や国際的な経済安全保障を巡る環境変化への対応の必要性等の事業を取り巻く環境の変化が、経営戦略・経営計画等において適切に反映されているか、取締役会の下または経営陣の側に、サステナビリティに関する委員会を設置するなど、サステナビリティに関する取り組みを全社的に検討・推進するための枠組みを整備しているか、などが追加された。米国のビジネスラウンドテーブルのマルチステークホルダー重視への転換などを受け、サステナビリティや多様性への対応が求められている。わが国のコーポレートガバナンス改革において大きな転換といえる。

この背景として、企業の新たな成長の実現には変化の先取りが求められ、そのために企業は、持続的成長と中長期的な企業価値の向上の実現に向けた取り組みをスピード感をもって実行することが必要であることが挙げられている。つまり、サステナビリティを単なる規制対応や社会貢献ではなく、企業の成長のための要素として明確に定めているということである。

また、企業がコロナ後の不連続な変化を先導し、新たな成長を実現する上では、取締役会のみならず、経営陣にも多様な視点や価値観を備えることが求められ、企業の中核人材における多様性（ダイバーシティ）の確保が求められている。わが国企業を取り巻く状況等を十分に認識し、取締役会や経営陣を支える管理職層においてジェンダー・国際性・職歴・年齢等の多様性が確保され、それらの中核人材が経験を重ねながら、取締役や経営陣に登用される仕組みを構築することが極めて重要である。こうした多様性の確保に向けては、取締役会が、主導的にその取り組みを促進し監督することが期待される。そこで、多様性の確保を促すためにも、上場会社は、女性・外国人・中途採用者の管理職への登用等、中核人材の登用等における多様性の確保についての考え方と自主的かつ測定可能な目標を示すと共に、その状況の開示を行うことが重要である。また、多様性の確保に向けた人材育成方針も作成・開示に努める必要がある、とされている。

機関投資家は、ＣＧコード改訂に伴い、議決権行使やエンゲージメントにおいて、取締役会が、持続的な成長と中長期的な企業価値の向上に向けて、適切な知識・経験・能力を全体として備え、ジェンダーや国際性、職歴、年齢の面を含む多様性を十分に確保した形で構成されているか。その際、取締役として女性が選任されているか、などに注目する必要がある。

これらの改定を受けて、国内外の機関投資家の中には、わが国企業に対して、Ｄ＆Ｉ項目を議決権行使基準にするところも出てきている。アライアンス・バーンスタインは日本企業に対して、女性取締役がゼロかつ今後も登用しようとしない場合、経営トップの選任議案に反対の姿勢を示している。またステートストリートなどはＴＯＰＩＸ５００企業の中で、女性取締役がゼロの場合、上位三人の取締役選任議案に反対することを表明した。フィデリティー・インターナショナルは、先進国市場において、取締役会の女性比率が30％以上ない場合は反対票を投じ、「ジェンダー基準が発展途上」の市場では15％以上の女性比率がない場合反対票を投じることを決定した。このように資産運用会社は、株主議決権行使において、多様性がない取締役会に反対票を投じる方針を打ち出し始めている。

また、議決権行使助言会社のＩＳＳは２０２１年11月に、「取締役会の多様性に関する基準を導入し、取締役会に女性取締役が一人もいない場合は、経営トップである取締役に対して反対を推奨する基準を、

2023年2月から導入することを検討している」と表明した。これにより、2023年以降、わが国企業の女性取締役導入が促進されることは予想されるが、クリティカル・マスを達成するまでの道のりは遠い。資本市場の役割に加え、クォータ制やコードによる基準導入も含めて検討する必要があろう。

6 ▼おわりに

米国において女性が企業の取締役会で真の平等の地位を得るには、40年から50年、CEOで同等の地位を得るには80年かかると指摘される。(8) 世界経済フォーラムが世界の男女平等に向けた進捗状況を測定したGlobal Gender Gap Repotを公表した結果、2018年の格差縮幅が大幅に減少したことが明らかになった。このこと受けて、米国の女性リーダーたちは、「男女平等とインクルージョンを実現するための政策や法的・社会的枠組みへの再投資がなにより重要である」という意見を表明した。(9) 欧州では規制により、また米国では株主や取引所などにより、女性の活躍に対する大きなムーブメントがある。翻って、日本はどうであろうか。コーポレートガバナンス・コード、及びスチュワードシップ・コードの改定、さらにはISSなどの推奨を機にようやく取締役会に女性一人が確保される時代に入ったところである。法規制などの検討も必要であるが、それを待っているだけで社会は変わらない。資産配分機能を担う資本市場の役割は重要である。変わらない社会を大きく変えていく力が資本市場にはある。資本市場で活躍されてきた女性リーダー達の声が、サステナブルな課題を解決する糸口となるのではないだろうか。彼女たちのパーソナルヒストリーを読んで、これからの社会を担っていく世代の意識が変わってゆく。このような循環が生まれてこそ、社会を変えられると思う。

「元始、女性は太陽であった。真正の人であった。今、女性は月である。他に依って生き、他の光によって輝く病人のような青白い顔の月である。私どもは隠されてしまった我が太陽を今や取り戻さねばならぬ」と謳い、平塚らいてうが青鞜を立ち上げてから１１０年である。すべての人が、一人ひとりが自らの光を輝かせられる社会を目指して、本書では資本市場と女性たちの「今」を伝えたいと思う。

（1）上野千鶴子（2017）、pp.100.
（2）ディアクラーク・シューメイカー&ウィアラム・シュロモーダ著［加藤晃監訳］（2020）、pp.6-7.
（3）Oritz-de-Mondojana and Bansal（2016）
（4）Phillips,W Katherince（2014）.
（5）Robert（2010）などの、文脈が女性のほうがより倫理的な決定をすることを示唆している。
（6）Houser &Williams（2021）
（7）プロキシ・アクセスとは、長期保有株主（または長期保有株主のグループ）が、次株主総会のプロキシ・カード（投票用紙）に、取締役候補者の代替案を記載することができる機能をいう。
（8）Jessica Yun,Women CEOs Will Have to Wait Another 80 Years for Parity with Men, Yahoo Finance. Yun 氏は、

Yahoo Finance Australia のプロダクション・エディター兼ワーク/キャリア・コレスポンデントである。

（9） Kate Whiting, *Female Leaders Warn About the Erosion of Women' s Rights,* WORLD ECONOMIC FORUM (February 28, 2019) ,https://www.weforum.org/agenda/2019/02/female- leaders-warn-about-theerosion-of-women-s-rights/.

引用参考文献

Backer,Larry (2017) ,"Economic Globalization and the Rise of Efficient Systems of Global Private Lawmaking: Wal-Mart as Global Legistlator" ,39 (4) *University of Connecticut Law Review,* 1-41.

Emerson, Frank D.and Franklin C.Latcham (1954) ,*Shareholder Democracy: A broader Outlook for Corporations.* Cleveland, The Press of Western Reserve University.

Friede,G.,T.Busch and A.Bassen (2015) , "ESG and Financial Performance: aggregated evidence form more than 2000 empirical studies" , *Journal of Sustainable Finance & Investment,* Vol.5 No.4,210-233.

Hess,David (2007) ,"Public Pensions and the Promise of Shareholder Activism for the Next Frontier of Corporate Governance: Sustainable Economic Development" *Ross School of Business Working Paper Series Working Paper* No. 1080.

Houser,Kimberly & Jamillah B.Williams (2021) , "BOARD GENDER DIVERSITY: A PATH TO ACHIEVING SUBSTANTIVE EQUALITY IN THE U.S." *William & Mary Law Review,forthcoming.*Vol.63.

https://papers.ssrn.com/sol3/papers.cfm?abstract_id=3796137

Matteo Tonello (2006) , Revisiting Stock Market Short-Termism, *Conference Board Research Report.*

Ortiz-de-Mandojana,N.and P.Bansal (2016) , "The Long-term benefits of organizational resilience through sustainable business practices", *Strategic Management Journal,*37 (8) 1615-31.

Peterson,A.Robert et al (2019), "Effect of Nationality, Gender, and Religiosity on Business-Related Ethicality", *96 J. BUS.ETHICS* ,573-587.

Post,C. and Byron,K. (2015), "Women on boards and firm financial performance: A meta-anyalysis, *Academy of Management Journal*, 58 (5), 1546-1571.

Phillips, W. Katherine (2014), "How Diversity Makes Us Smarter", *SCIENTIFIC AMERICAN* (Oct.) https://www.scientificamerican.com/article/how-diversity-makes-us-smarter/.

Raj Thamotheram (2006), "A Critical Perspective on Activism: Views from a Pension Professional" in *Responsible Investment* (ed: ted Roy sullivan and Craig Mackensie, Routledge), 295-299.

Wiley, Carolyn & Mireia Monllor-Tormos (2018), "Board Gender Diversity in the STEM&F Sectors: The Critical Mass Required to Drive Firm Performance", 25 *J. LEADERSHIP & ORGANIZATIONAL STUD.* 290.

上野千鶴子（2017）「『202030』は何のためか?」「特集2 202030は可能か―『女性活躍推進法』の実効性を問う―」、『学術の動向』p.100.

ディアクラーク・シューメイカー&ウィアラム・シュロモーダ著（加藤晃監訳）（2020）『サステナブルファイナンス原論』金融財政事情研究会

野中郁江（2019）「富と貧困の累積を描く付加価値分析」『経済』２０１９年12月号、新日本出版社

野中郁江・三和裕美子（2021）『企業の論点』旬報社

2 日本に生きる女たちの過去・現在・未来
―資本市場に軸足を置いた考察―姜理恵

1 はじめに―現在の眼を通して見る

今、資本市場においてダイバーシティ＆インクルージョン（以下、D＆I）が求められている。これは時代の要請である。多様性を包摂するという価値観は、持続可能な社会や地球を創るためには欠くことのできないものである。そして、わが国の現状―すなわち、バブル崩壊後の失われた30年といわれるガラパゴス状態―この閉塞感を打破するためにはイノベーションを生み出す多様な発想力が必要であり、それをもたらす多様な人材が不可欠である。では、わが国資本市場においてイノベーティブな活動を行い、D＆Iを実践する人とはどのような人たちなのだろう。その実態を明らかにしたいというのが本書の問題意識の基底となっている。

表2　本稿で説明する時代とテーマの整理

テーマ＼時代	近代 (明治：1868年〜戦前：1945年)	現代 (戦後：1945年〜平成：2021年)
資本市場	証券市場の発展	急成長する証券市場
女子教育	女子高等教育のはじまり	大学教育の変容
女性の社会進出	女性たちが社会に求めたもの	男女格差解消に向けた動き

D&I実現の大前提となるのが男女平等である。わが国の働く職場での男女差別撤廃の契機となったのは１９８５年に制定された男女雇用機会均等法である。当時、労働省の担当局長として同法制定に心血を注いだ赤松良子氏は、その長く険しい道のりの中で自身を励ました言葉が「男女平等の実現のための、長い列に加わる」であったと述懐している(1)。

この言葉が意味するとおり、わが国における男女の格差、すなわち、ジェンダー不平等の問題は、多くの先人たちが１００年以上前から向き合ってきた古くて新しい課題である。しかし、日本の実情はどうだろう。世界経済フォーラムで公表されるジェンダー・ギャップ指数（２０２１）が示すとおり、先進国でありながら日本は１５６か国中１２０位と低水準に留まり、残念ながらジェンダー平等が実現できている社会とはいいがたい。なぜ、わが国はこのような状況に陥っているのだろうか。その原因を探るためには歴史を紐解く必要がある。

著名な歴史家E.H. Carrは「歴史は、現在と過去との対話である」と述べている(2)。現在の意味は孤立したものではなく、過去との関係を通じて明らかになる。そこで本稿では、現代社会に繋がる女性と社会の関わり方の変遷を資本市場発展の歴史と重ね合わせながら俯瞰していくものとする。

前稿では、われわれが進む未来の姿を見据え、諸外国と比較分析した上で、現在の日本に必要なD&Iについて論述した。本稿では、わが国の過去に遡り、現在に至るまでの道程を振り返ることで今の日本に必要なことは何かを炙り出していく。

第2節からは、資本市場に軸足を置いて、女性教育と女性の社会進出の変容の歴史を整理する。キーワードは、「証券市場」「女性」「教育」である。第3節では、第二部の前置きとして本書で取り上げる七名のインタビュー対象者たちが活躍した時代背景を解説する。そして、一連の歴史的考察と彼らのインタビューから得られる示唆を提示して本稿のまとめとする。

2 ▼近代の歴史をたどる【明治：1868年～終戦：1945年】

▼証券市場の発展(3)

わが国の証券取引は、江戸時代の承応～寛文年間（1652～1673年）、当時の経済の中心地・大阪に設けられた米穀取引で米と交換できる証券（米切手）を用いたことが始まりといわれている。その後、市場は堂島に移る。1730年、幕府の公認をうけて成立した堂島米会所はわが国における取引所の起源である。

1868（明治元）年、明治天皇が即位。江戸は東京と改称され、新政府による新しい時代が始まる。新政府が目指したものは富国強兵とそれを実現するための殖産興業である。国家主導の官営事業をはじめ、鉄道の開業、郵便制度の発達、電信事業の発足など、重要な社会インフラが整えられていく。

１８７６（明治９）年、政府は、華士族に与えられていた秩禄を廃止し、金禄公債を支給するようになる。この動きを見た両替商が、現在の人形町付近に集まり、公債の取引が活発に行われるようになる。１８７８（明治11）年、株式取引所が日本に必要と考えていた渋沢栄一は、公債売買の最有力者であった今村清之助らと共に東京株式取引所を設立し、同年６月１日から取引を開始。最初の上場物件は公債だったが、年末までに、渋沢が設立した第一国立銀行をはじめ株式会社４社が上場を果たした。

日本資本主義の父・渋沢は、その生涯で５００社に及ぶ企業を設立し、わが国の近代化に貢献した。その渋沢が重視したのは公益の追求であった。渋沢は、「論語と算盤」の中で「道徳経済合一説」を理念として打ち出し、これを「士魂商才」と呼んだ[4]。

公益の追及者であった渋沢は、民が官の補完の役割を担うべきとし、富国強兵の背後に積み残された日本の知的・社会的インフラの構築に積極的に取り組んだ。渋沢の貢献は、経済活動に加え、社会福祉、教育、国際親善・民間交流と多岐に及んでいる。特に、教育面では大きな二つの貢献があげられる。一つは、官尊民卑の是正をライフワークとし、経済人の地位向上のために商業の近代化と人材の育成に熱心に取り組んだ点。もう一つが、女子教育への貢献である。

当時の日本において、良妻賢母の価値観が当然視され、男尊女卑の思想が強く、私学助成もなかった状況下で、渋沢が西洋式女子教育を率先して支援した理由は三つある。一つは、政治的な意図。実業家であり開明派の一人である渋沢にとって、西洋先進国に対して日本の体面を保つことは急務であった。二つ目は、思考の柔軟性。幼少期から儒教を学んだ渋沢はその教義の解釈も時代と共に読み替え、女性も知識や社交性を学ぶ必要を痛感していた。三つ目が、経営者の視点である。実業家の渋沢には経営の維持・発展が何よりの課題であり、そこに女性の力も加えようと考えた。(5) 資本市場の礎を築きかつ女子教育にも積極的に取り組んだ渋沢の存在は、現代に繋がる資本市場と女性の接点といえよう。

1878年に取引を開始した東京株式取引所及び大阪株式取引所は、日露戦争の講和条約としてポーツマス条約が締結された後の1907年まで、当時人気のあった鉄道株や紡績株、工業株を中心に全面高となり株式ブームはピークに達した。

一方、大正から昭和初期には、世界恐慌と世界大戦の影響から市場の混乱も見られた。1923(大正12)年9月1日の関東大震災では、東京株式取引所の建物も全焼し、兜町一帯が焼野原となった。しかし、同年10月27日から焼け跡の天幕内で株式の現物取引を開始。その後、株式市場は回復し兜町はすっかり近代的な街並みに生まれ変わった。

震災からの復興を遂げたのもつかの間、1929(昭和4)年にはニューヨーク株式市場で株価が大暴落したことに端を発した世界大恐慌の波に見舞われ、日本経済は長期の不況に陥り、兜町・北浜も度重なる暴落のため、沈滞の度を深めた。

1931(昭和6)年、満州事変を機に日本の経済政策は戦時体制に大きく転換され、証券市場も急速に統制色が濃くなった。その一方、この頃、既存の財閥や新興財閥が外部資金を導入するために公開した株式が取引所に上場され、一般投資家の人気を集め始めた。1943(昭和18)年6月30日、国策により東京株式取引所をはじめとした全国11の株式取引所が統合され、新たに営団組織「日本証券取引所」が設立される。東京株式取引所を本所、大阪株式取引所を大阪支所としてスタートした。

しかし、第二次世界大戦の戦局が悪化するにつれて、株式市場は急速に活気を失っていく。第二次世界大戦中も取引所での株式売買は続けられたものの、戦局が悪いという噂が次第に広がると、株価は下落をはじめ、1945（昭和20）年3月の東京大空襲の後は、政府が無制限に株価を下支えする「官製相場」となる。同年8月、広島と長崎に原子爆弾が投下されたとの情報が入ると市場は停止。それ以降、1949（昭和24）年に取引が再開されるまで、3年9か月の間閉鎖が続いた。

▼女子高等教育のはじまり

女子の高等教育の始まりは、1872（明治5）年学制が発布されてからである。この年に東京神田に官立東京女学校が生まれ、一般教養に重点を置いたわが国の女子教育が始まった。しかし、この学校は1877（明治10）年には閉鎖されてしまう。一方、学制は1879（明治12）年に教育令に変わり、これ以降男女別学を原則とする教育体制がつくられていく[6]。初代文部大臣・森有礼が帝国大学令（1886年）をはじめとする一連の学校令を施行。明治後期になると女性に対する高等教育改革が立て続けになされていく。

1890（明治23）年に官立の女子高等師範学校（現・お茶の水女子大学）、続いて、奈良女子高等師範学校（現・奈良女子大学）、戦争が終局を迎えた1945年4月には広島女子高等師範学校（現・広島大学）が設立され、戦後新制大学へ移行するまで三つの女子高等師範学校（以下、「女高師」）があった。私立の女性に対する高等教育としては、1900（明治33）年に津田梅子が設立した女子英学塾（現・津田塾大学）、吉岡彌生が設立した東京女医学校（現・東京女子医科大学）、そして横井玉子が設立した女子美術学校（現・女子美術大学）が最初のものである。[7]

津田は、女子英学塾設立にあたり、その基本理念として「男性と協力して対等に力を発揮できる、自立した女性の育成」を掲げ、「自立」という点では英語の専門的能力の育成—英語教員養成—を目指した。当時、女性が自力で生きるためには身を売るしかない社会の本質を描き出した樋口一葉の作品に深く共鳴した山川菊栄が同塾に在学したのは1908年から1912年である。山川は、樋口がその短い生涯をかけて世に示した事実—すなわち、日本の社会で女性が独力で生きていくことの困難さ—を深く受け止めていた。その後、山川は「社会科学的視点」を持って女性の「独立と自由」を一貫して主張し続ける。[8]

女子英学塾に続き、1901年には日本女子大学校（現・日本女子大学）が設立される。渋沢は同大学の第三代学長に就任している。その後、1918（大正7）年に、東京女子大学が開学。同大学には経済学が授業科目として設けられ、日本において初の女性に対する経済学教育が始められた。翌1919年には東京女高師・文科を卒業した松平友子が同校からの「依託学生」として東京帝国大学経済学部において経済学を学び始めた。1922年、学業を修めた松平は東京女高師に戻り、日本初の女性経済学者として教壇に立った。同時期、東京女子大学高等学部を卒業した織戸登代子は、1925年に設立された九州帝国大学法文学部に第一期生として入学し、経済学を専攻。日本初の女性の経済学士となった。まさに、1918

（大正7）年から20年代は、女性が経済学と向き合い始めた時期であった。[9]

このように女子高等教育に新しい動きが見られ始めた頃、その改革論議について異議を唱える女性がいた。山川菊栄である。そのきっかけとなったのは、「高女校長会議」での議論の内容であった。山川が指摘したのは、「女子の高等教育に賛同したる彼ら教育家（高女校長たち）が、女性に対する職業教育の普及や大学解放等を認めながら、同時に、『女子の本分は賢母良妻だ』と平然と発言し、『保守思想の根城』を明け渡すまいとする矛盾した態度を示した」ことについてであった。山川は、論文「女性の観たる女の問題」（1918年）の中で、女性が職業に就くことの意義を指摘している。[10]

続いて発表した論文「与謝野、平塚二氏の論争」では、「婦人の独立と自由とに必須の条件たる経済問題」へと議論を進めた。山川は、与謝野晶子の議論を、女性の経済的自立の必要を強調した「経済的自立の主張」（女権論）とし、平塚らいてうの議論を、女性の子供を産む権利を強調した「母性保護の主張」（母性論）と特徴づけ、「双方ともに行う方が婦人の地位を多少安固にする」と説いた。そのうえで、「根本的解決を、婦人問題を惹起し盛大ならしめる経済関係そのものの改変に求めるほかしかない」との考えを示した。松野尾（2019）は、ここで山川が「経済関係」と言っているのは、女性が職業に就くことの意味を説いた「経済組織」と同義であると指摘している。[11]

日本では、大正期に入り産業が農業と軽工業中心から重工業化へと進むに伴い、賃金収入に頼る生活へと転換する人々が増えていった。賃労働で生きる人々による社会へと変化した結果、「経済学」の言葉を用いて日本の社会を論じることができるようになったのである。そして、同時期、女性たちが経済学と向き合い始めた。しかし、一方で、日本社会が、「賃労働と資本」の経済―市場経済―を形づくりながらも、その深層には差別的な関係が組み込まれていることを当時の明敏な人々は認識していた。山川は、「日本の社会に組み込まれた性差別を経済の構造として解明し、それらを解決するという課題を経済学に提起」した。しかしながら、経済学はもっぱら「市場経済」に着目する学問として発展し、他方で、「家庭経済」に着目する学問は家政学の中で家庭経済学として独自の発展を遂げることになる。[12] ここで、市場経済の領域（有償労働による生産活動）と家庭経済の領域（無償労働による生産活動）が分岐していくのである。[13]

▼女性たちが社会に求めたもの

米国留学から戻った津田梅子が女子英学塾を設立した動機は、米国に比して日本における女性の社会的地位の低さと、その一因にあたる女子教育の不十分さを痛切に感じたことである。[14] 先に述べたとおり、当時の日本社会には良妻賢母の女性観や男尊女卑の考えが広く浸透していた。同時代、自らが生きる社会の不当さを身をもって体験した樋口一葉は、小説「たけくらべ」を『文学界』に発表し、社会の改革を訴えている。

1900（明治33）年治安警察法が公布され、第5条で女性の政治結社加入と政治演説会参加が禁止される。しかし、その翌年、奥村五百子は「愛国婦人会」を創立、1911年には平塚らいてうを発起人に、与謝野晶子ら七人の文学者が賛助会員となる「青鞜社」を形成。これは、女性の感性の開放をめざす文学団体であった。その後、1920年、平塚らいてう、奥むめお、市川房江らが「新婦人協会」を結成。男女同権、母性保護、女性の権利擁護に取り組んだ。翌年には、堺真柄ら40名の女性が、最初の女性社会主義団体「赤欄会」を結成した。山川らも顧問格で加わったが、弾圧を受けて1年足らずで消滅した。[15]

山川は、1925（大正14）年10月、「婦人の『特殊要求』について」と題する論文を発表。この論説は、無産階級の政治的要求「無産政党綱領」に「女性の要求」を正当に位置づけるよう求めたものであった。山川は、これらの要求は、「人道」主義、「女権」主義、「母権」主義のいずれの立場からするものではないと断り、「実に全無産階級の共同戦線の充実拡大のために」支持されなければならないと説いている。本要求の最後に掲げた公娼全廃の要求は、山川の社会改革論の原点であり、「この問題はその本質において無産階級婦人の人身権擁護の問題である」と述べ、女性の要求の根本が女性の人権擁護にあることを示した。[16] 戦後、山川は初代の労働省婦人少年局長に就任し、女性の地位向上に尽くし続けた。

同時代を生きた市川房江は、1924年婦人参政権獲得期成同盟会を結成し、女性の選挙権獲得を目指した。その後、市川は参議院議員となり女性の地位向上にその一生を捧げた。[17]

本節で述べた山川らの主張はすべて戦後に引き継がれ、1985年の男女雇用機会均等法、1995年の育児介護休業法の法制化に繋がっていく。女性が子供を産み、男女で育て、そして働くという現代社会で考えれば至極当たり前のことが、明治・大正・昭和という三つの時代を跨いでやっと社会の中に確立されていくのである。まさに、赤松氏が述べた「長い列」の延長線上で漸く実現するのである。

3 ▼現代の歩みを紐解く【戦後：1945年～平成：2021年】

▼急成長する証券市場⒅

1945（昭和20）年、戦後、GHQ（連合軍総司令部）は取引所の再開を禁止したが、兜町・北浜の一角では証券業者の半ば組織的な集団売買が開始され、いちはやく証券の街としてよみがえり、取引所空白期における証券流通の場として大きな役割を果たした。

1947年4月16日、取引所制度の民主的改革についての検討が進められ日本証券取引所は解散。翌年、財閥解体等によって凍結された大量の株式が国民に放出されると共に証券知識の普及を図るための全国的な証券民主化運動が行われ、4月、投資者保護を基本理念とする新しい証券取引法が制定された。

1949（昭和24）年4月1日、東京証券取引所（東証）及び大阪証券取引所（大証）は会員制法人として戦後の出発を果たす。東証の立会開始は5月16日、当初の上場銘柄数は495社696種で、すべて戦前に取引していた銘柄であった。大証も、同日、戦後の売買を再開した。

日本の経済は技術革新を軸とする高度成長期を迎え、株価は上昇の一途をたどり、中小企業も急速な成長を遂げる。これに伴い、店頭取引が急速に拡大。関係者の間では店頭取引を組織化する必要性が提起されるようになり、1961年、東京・大阪・名古屋に市場第二部が開設された。1963年には、上場するのが難しい中小企業の資金調達の場として、日本証券業協会において店頭登録制度（後のJASDAQ市場）が創設される。１９７３年12月18日、証券市場の国際化に対応して外国株市場を開設。翌年９月24日には市場情報を迅速、正確、公平に伝えるための相場報道システムが稼動した。１９８２年１月23日、東京証券取引所は、国内で始めての株式売買システムを稼動。１９８５（昭和60）年には立会場銘柄を除く全銘柄に対象銘柄を拡大した。

株式市場が急拡大する中、１９８７年10月19日、ニューヨーク株式市場に端を発するブラックマンデーにより、日本でも株価が大暴落する。

しかし、翌年1月に大蔵省（当時）が特定金銭信託やファンドトラストの決算処理の弾力化方針を打ち出したことなどを背景に株価は急激に上昇し、バブル相場が形成された。１９８９年、わが国では「昭和」から「平成」へと元号が変わり、将来への期待もふくらんだ。12月29日の最後の取引（大納会）で日経平均株価は終値３万８９５７円の最高値をつけて終わった。

戦後の東証の立会開始以降、時の内閣により国民所得倍増計画が発表され、日本は１９６０年代から１９８０年代まで右肩上がりの高度経済成長を実現し「Japan as No1」と呼ばれる経済大国を実現した。１９６０（昭和35）年の日本株式時価総額は３兆９０００億円。そして、日経平均株価が史上最高値をつけた１９８９（平成元）年の日本株式時価総額は５０４兆３０００億円。(注) まさに、日本の証券市場は急成長を遂げたのである。

しかし、１９９１年の最初の取引（大発会）から日経平均株価は下がり始める。バブルの崩壊である。その後、日本経済は長期の経済停滞に陥り、「失われた30年」ともいわれる平成不況が続く。かつての日本経済の「右肩上がりの神話」が崩れ去ったのである。

その中、1996（平成8）年末に打ち出された金融ビッグバンにより、様々な金融制度改革が行われた。東証はすべての取引をシステムに移行し、株券売買立会場を閉場。一方、上場基準を緩和し、成長性が見込まれるベンチャー企業などに、株式上場による資金調達の場を提供するため、1999年11月11日、「東証マザーズ」を開設した。

2001年に東証・大証はそれぞれ株式会社へと組織変更。その後、取扱い金融商品の多様化、グローバル競争力の強化、市場機能の集約や取引システムの統一化による取引参加者・投資家の利便性向上をはかるため、2013（平成25）年1月1日、東証グループと大証が経営統合して日本取引所グループが発足。その株式を東証市場第一部に上場し現在に至っている。

この間、2012（平成24）年より、東証と経済産業省は「なでしこ銘柄」の選定を開始。これは、「女性活躍推進」に優れた上場企業を「中長期の企業価値向上」を重視する投資家にとって魅力ある銘柄として紹介することを通じて、企業への投資を促進し、各社の女性活躍の取り組みを加速化することを目的として始まったものであった。同選定は、2021年で実施10年目を迎える。

▼大学教育の変容(19)

戦後の新教育制度において、制度的には初めて女性の大学への入学が許可されるようになる。特例を除き男性のみであった旧制大学が、新制の下で共学化され、女性に門戸が開かれた。同時に、新たに女子大

表2　4年制大学の学生数と女子学生比率の推移

		私立	国立	公立	総数
1960年（昭和35年）	全学生数（男子含む）	394,868	179,318	27,278	601,464
	女子学生数	48,108	29,198	5,345	82,651
	全学生中女子学生比率	0.122	0.163	0.196	0.137
1969年（昭和44年）	全学生数（男子含む）	980,791	269,403	45,577	1,295,771
	女子学生数	172,322	52,280	11,464	236,066
	全学生中女子学生比率	0.176	0.194	0.252	0.182
1993年（平成5年）	全学生数（男子含む）	1,688,052	455,567	65,409	2,209,028
	女子学生数	524,013	132,250	26,855	683,118
	全学生中女子学生比率	0.310	0.290	0.411	0.309
2015年（平成27年）	全学生数（男子含む）	1,980,776	445,668	129,618	2,556,062
	女子学生数	896,687	159,778	70,907	1,127,372
	全学生中女子学生比率	0.453	0.359	0.547	0.441

出所：安東（2017）表3を一部抜粋

学が設立され、女性の高等教育を受ける機会は戦前と比べれば格段に大きくなった。

新制度発足直後を除けば、1960年代半ばには私立・国立・公立大学いずれも学生数が大きく増加する。これは第一次ベビーブーマー（1947年〜49年生まれ）たちが大学入学期を迎え、大学進学者・大学数ともに大きく伸びた時期である。その後、第二次ベビーブーマー（1971年〜74年生まれ）の大学進学が1989〜1992年にピークを迎える。

4年制大学における男女それぞれの学生数の変化を概観すると（表2参照）、男女雇用機会均等法が施行（1986年）された頃から女性の4年制大学進学が急速に増加している。それ以前、女性の4年制大学進学者は男性の3分の1以下に過ぎなかった。大幅に伸びた女子学生の進学者を吸収したのは共学大学であった。特に、私立共学大学では、社会科学系や新たに設立された学際系の学部で女性比率が高まっていった。男性の進学者は1990年代にピークを迎え、その後、進学率は漸増するものの少子化の影響で数は減少していったのに比して、女性の4年制大学進学者は少子化の中でも増え続ける。[20]

18歳人口は1989～1992年頃にピークを迎えて以降、急速に縮小していく。その一方、大学進学率は50％を超えてユニバーサル段階に突入し、特に女子の高等教育進学者は短大から4年制へと大きくシフトした。これにより、18歳人口の急激な減少にも関わらず、女子の4年制大学進学者数自体はむしろ微増したのである。[21]

一方、戦後の新制大学となったのちも、女子大学では「学芸」を含む「人文」学系と「家政」学系から構成され、当時の女子への教育期待では「良妻賢母」や「嫁入り前の教養」といった考え方が根強く残っていた。[22]

戦前の中等・高等教育機関のほとんどが男女別学であったことから、戦前の女子専門学校は、戦後も女子大学として開学するケースが多かった。1948年にスタートした五つの女子大学創設から徐々にその数を増やし、1967年には80校へと女子大学は一気に増加した。この背景には、社会的・心理的要因があった。

すなわち、戦後、別学から共学へと大きく転換する中で、別学を維持した私立の女子校には戦前の「お嬢様」という女子校への憧れが投影され、女子の大学進学率が低い中で、男子が多数を占める共学大学へ娘を進学させることに対して、親も女子学生も不安があった。男性の大学進学が「就職や出世のため」といった意識が強かったのに対し、女性の場合は、「嫁入り道具の一つとして教養をつける」との意識が、特に親においては強かった。

さらには、1960年代に共学大学を中心に学生運動が盛んになり、次第に政治色を強めて過激化していく中で、親は"嫁入り前の大切な娘"を学生運動に関わらせたくないと考えることは一般的であった。そこで、親は娘を、教員は教え子を、"安全・安心な"女子大学に送り込んだ。戦後、「自由・平等」という言葉は踊っていても、親の世代にとっては伝統的な価値や規範は色濃く残っていたのである。[23]

▼男女格差解消に向けた動き

終戦をむかえた1945年12月、選挙法改正で女性参政権が実現し、1946年4月の総選挙で39人の女性議員が誕生した。同年11月、男女平等を明記した日本国憲法が公布された。いよいよ現代における女性の社会進出が進むと期待されるところだが、これが急速に開花するわけではない。終戦直後の混乱、新憲法のもとで政治・経済・社会環境の整備が進められる中、一歩一歩ゆっくり、しかし着実に検討がなされ、女性を取り巻く環境は徐々に改善されていく。

終戦後の経済復興と高度経済成長を経て、日本社会は、都市化とサラリーマン化による雇用労働で賃金収入を得る形に変化していく。女性雇用者数の推移を見ると、1953（昭和28）年の467万人から2005（平成17）年には2229万人となる。雇用者全体に占める女性雇用者の割合も1953年の28.1%から2005年には41.3%に上昇した。[24]数字だけを見ると、女性の雇用割合は高いように見えるが、その実態は、募集・採用・配置・昇進などあらゆる場面で男女が差別されていた。この環境を打ち破る大

表3　女性活躍推進を巡る議論の3区分

時代区分	主なテーマ	両立支援	均等推進	主な課題と得られた教訓
第1の時代 1986－1999年	法対応としての女性活躍推進のスタート	最低限の対応は女性社員の定着につながらず	大企業を中心にコース別雇用管理制度が普及	女性総合職の初期キャリアにおける退職 ⇒定着のための支援が重要
第2の時代 2000年代	少子化を背景とした両立支援の前進	両立支援制度の利用環境の整備等で女性社員が定着	女性社員の育成・登用への関心は高まらず	
第3の時代 2010年代	両立支援と均等推進の両輪連動の模索	女性社員の定着だけでなく、活躍も目指す段階に	経営戦略として女性社員の育成・登用への関心が高まる	制度利用の偏り（女性社員ばかりが利用）、利用期間の長期化（定着しても活躍できないという課題） ⇒両立支援と均等推進の両輪を効果的に連動させることが重要

出所：松浦（2017）の図4-1を筆者改編

きな契機となったのが男女雇用機会均等法（以下、「均等法」）の施行であった。

同法作成に携わった岩田喜美枝（元・厚生労働省雇用均等・児童家庭局長）は次のように述懐している。「歴史的な法律といわれるものの、その作成に携わった人々はまったく不十分だと思っていたが、ワーキングマザーにとって耐えがたい労働環境や男女差別はよくないということを社会に根付かせるため、法制化に踏み切った」と。(25)

松浦（2017）は、均等法以降の女性活躍推進を巡る議論を主に三つの時代に区分して整理している（表3参照）。

均等法施行は、「男性は仕事、女性は家庭」といった伝統的な男女役割分業の時代において、企業の女性活推進政策に重大なインパクトを与えた。これが「第一の時代」の幕開けである。

この時代、「女性だけ」のショップ長や研究チームなど、特定の分野に特化して「女性だけ」を戦力化する取り組みが目立った。また、女性管理職の第一号を出すという面では、一定の成果が見られた時代であった。一方で、「女性総合職」という存在は社内で期待と好奇の目を向けられ、女性社員は初期のキャリア段階での退職という「挫折」を迎え、一時期、企業の女性活躍推進に関する関心そのものが低下してしまった。まさに、この時代は、女性活躍推進の混乱と試行錯誤の時代であった。この時代の金融・保険・証券業に属する企業の取り組みとして、例えば、大和証券が「転更試験」で一般職から総合職への転換を可能にし（1986年）、日興証券が総合職と一般職に分け職務を明確化した（同年）。また、住友信託銀行は「業務職」を新設し、能力と意欲のある女性登用（1988年）に取り組んだ。[26]

2000年代に始まる「第二の時代」は、少子化を背景とした両立支援が前進した時代であった。少子化に対する危機感が高まり、女性が子供を産み、育てながらも働き続けられる環境整備の重要性が指摘され、1995年には育児・介護休業法が公布され、2000年代に入ると仕事と家庭の両立支援に関する法制度が急ピッチで整備された。この時代においては、少子化による市場の縮小や労働力人口の減少に対する危機感から、法整備に対する企業側の抵抗は第一の時代に比べて少なく、むしろ、両立支援制度の充実や利用環境の整備が積極的に進められた。この時代は、女性社員の定着は進むものの、役職に占める女性の割合は相変わらず低く、女性社員の育成・登用への関心は高まらなかった。この時代、野村証券（2008年）は、職務・権限に差を設けた総合職・一般職区分を廃止し、転居転勤の有無のみによる2コース制へ移行している。[27]

２０１０年代の「第三の時代」になると、女性社員の定着に向けた両立支援に加えて、活躍に向けたキャリア形成支援の観点が重視されるようになり、女性に対する意識改革やネットワーク支援形成、女性の管理職登用を具体的に後押しする取り組みも展開されるようになる。第三の時代は、まさに経営戦略として女性社員の育成・登用への関心が高まった時代であった。この時代、第一生命は、職場に女性リーダーを「ダイバーシティ推進者」に任命し、付加価値の高い職務を実践（２０１３年）。また、２０１５年、野村ホールディングスは、「アライ（Ally）になろう‼」の取り組みを軸に、多様なバックグラウンドを持つ人が活躍できる職場づくりを推進するようになる。[28]

そして、２０１６年４月、政府の成長戦略の強力な後押しにより女性活躍推進法が施行された。政府主導で女性活躍が推し進められた背景には、国内の労働力の供給構造の変化とビジネスモデルの高度化への要請があった。

並行して、民間主導でも女性活躍が進められる。その背景として、労働市場における常態化した人手不足の中で就業者の価値観が変化していること、さらに、資本市場におけるＥＳＧ投融資の加速化が挙げられる。[29]就業者の価値観の変化とは、企業のダイバーシティ経営への取り組みに対する期待の高まり、特に、ミレニアル世代の人材が、就職先の選定に企業の「多様性や受容性の方針」を重要視するという変化を指す。これは、長く続いた「男女」差別解消の議論から、「多様性」重視の議論へと、就業者の関心が移ったことを示している。

そして、資本市場におけるＥＳＧ投融資の加速化とは、近年、機関投資家の間で急速に拡大する投融資の判断基準の一つを指す。世界最大の機関投資家である日本の年金積立金管理運用独立行政法人（ＧＰＩＦ）は、２０１５年９月、国連が公表したＰＲＩ（責任投資原則）に署名したことを発表。その後、２０１７年７月には、ＥＳＧの効果により中長期的なリスク低減や超過収益に繋がることが期待される指数として女性の活躍に注目した「ＭＳＣＩ日本株女性活躍推進（ＷＩＮ）」を選定する。これを機に、その他の機関投資家達もＧＰＩＦの動きに追随した。時同じくして海外では、投融資の判断基準の一つの潮流として、企業におけるダイバーシティ経営への注目がより顕著になる。

その結果、国内及び海外の機関投資家達は、日本企業に対しても取締役会における女性役員あるいは女性役員候補を求めるようになり、市場の声に押される形で企業の経営者達は、女性役員の登用を含む女性活躍推進に取り組み、現在に至るのである。

4 ▼資本市場を駆け抜けた女たちのナラティブ

▼今の日本に足りないものは何か

ここまで、明治から平成に至るまでの約１５０年の歴史を「資本市場」「女子教育」「女性の社会進出」の視点から概観してきた。わが国のジェンダー不平等の問題が「古くて新しい課題」といわれるその根深さが、そして、この課題に真正面から向き合い、女性の社会進出の道を切り拓こうと尽力してきた多くの先人たちがいたことをご理解いただけたのではないだろうか。

このような長きにわたる活動がありながら今の日本の現状はどうだろうか。本稿の冒頭で述べたとおり、その実態は決して明るいものではない。法制度の整備、女性が活躍できる組織の改革、男女分け隔てない高等教育の提供など、戦前・戦後でわれわれを取り巻く様々な環境が整ってきた。にも関わらず、この国がいまだジェンダー平等を実現していないという現実。これは一体何がネックになっているのだろうか。今の日本に足りないものは何か。これは、ぜひ、各人が考えてほしい課題である。そして、これを考えるヒントを提供するのが、第2部に掲載する七名のインタビュー記事と第3部に纏めた座談会の対話内容である。

近年、SDGsの文脈からもジェンダー平等やダイバーシティ促進を求める声は日増しに大きくなっている。産学官金様々な立場の人々、多様な年齢の人々が、日本のジェンダー不平等の解消やダイバーシティ促進に向けて動いている。その中でも、あらゆる産業のゲートウェイである金融資本市場で、男女の差別なく各人が自分らしく活躍し、D&Iが進むことにより全産業にプラスの波及効果が生まれると期待できる。

しかし、一方で、そもそも金融資本市場で活躍する女性とはどういう人なのか。また、D&Iを実践する女性はどんな働き方をしている人なのか。その具体的な「顔」が見えない。この疑問を解消するため、第2部では、戦後、わが国の資本市場を駆け抜けてきた女性たちにインタビューを実施し、その実像を明らかにしようと試みた。

なぜ、彼らは資本市場の仕事に就いたのか。どのように関わってきたのか。また、資本市場と関わりながら女性としての人生をどのように歩んできたのか。幾つかの問を投げかけることで、彼らが持つそれぞれのナラティブ（物語り）を引き出した。彼らの生き様は、資本市場と直接的あるいは間接的に関わりながら自分の生き方を模索する人たちに多くの示唆を提供するであろう。

同様に、企業経営者の立場から、組織内でダイバーシティ経営を実践する際の端緒を示すために、第3部では、元・株式会社東京証券取引所代表取締役社長の宮原氏と対談を行った。ぜひ、その内容から、企業・組織におけるダイバーシティ経営推進のヒントを掴んでほしい。

▼インタビュー対象者が活躍した時代背景

今回のインタビュー対象者は次の二つの条件で選定した。第一に、資本市場を〝駆け抜けた〟という表現にふさわしいよう、最低30年程度資本市場に関連する仕事に従事し、新たな社会的・経済的価値を生み出してきた人。第二に、ご自身が認識するしないに関わらず、D&Iを実践してきた人である。彼らの共通点は、既存の考え方や働き方にある種の「違和感」を感じ、その違和感を大事にしながら、自分の人生を切り拓いてきた点である。

ここで、彼らのバックグラウンドと活躍した時代背景を概説しておく。七名の内、一人は戦中、他の六名は戦後生まれである。皆、1960年～70年代に大学に入学している。これは、先に述べたとおり、終戦後の新教育制度の下で、大学教育が共学化され、女性が高等教育を受ける機会が一気に拡大した時期である。そして、七名が全員、女子大学ではなく共学の4年生大学に進学していたのは意図しなかった偶然である。更に、半数以上は、大学あるいは大学院の進学時に経済的自立あるいは大学卒業後働くことを念頭におきながら「経済学」または「法学」を専攻し、職業を選択していた。学生時代の専攻は文学部でありながら、社会人になってから「経済学」を学び、ファンドマネージャーや証券アナリストとしてキャリアを積んできた人もいる。

前節で述べたとおり、わが国において、女性が「経済学」に眼を向け始めたのは1910年以降である。その後、学問としての経済学が、「市場経済」と「家庭経済」に分岐する中で、この七名は「市場経済」を学んで社会と接点を持ってきた人々である。いうならば、過去に広く提供された女子教育とは逆の視点を持った女性たちといえよう。

一方で、津田梅子が女性の自立の手段として「英語」の重要性を説いたように、今回のインタビュー対象者たちも世界標準で活躍する手段として「英語」習得の重要性を指摘する人が多かったのは印象的である。

彼らは、1970年代~80年代に大学・大学院を卒業・修了し、社会人として働き始めた。多少の年代差はあるものの、劇的な変化を遂げた資本市場を駆け抜けてきたという点は同じである。戦後、東証の立会が開始したのは1949年。その後、日本は名実ともに経済大国を実現した。しかし、1991年を境にバブルが崩壊し、日本経済の低迷が始まる。彼らは、この極端な右肩上がりとその後の急激な右肩下がりの市場の変化を身をもって体感してきた。その変化を彼らはどのように受け止め、そして乗り越えてきたのか。その時々の彼らの行動様式・深層心理を詳らかにするため、インタビューでは三部構成からなる共通の質問を用意した。一つ目が「資本市場の仕事に関して」。二つ目が「女性の生き様に関して」。三つ目が「ダイバーシティに関して」である。そこで得た回答は多様性に溢れていた。ぜひ、第２部を味読していただきたい。

▼未来への示唆

今回、インタビューを実施している間、彼らは度々「運が良いことに」あるいは「たまたま」、「貴重な機会（人）に恵まれた」という言葉を発していることがわかった。人生の成功者は、自分の人生を振り返るとき、自叙伝においてどんな言葉を最も多く使っているのかという研究によれば「『偶然』や『折よく』『幸運なことに』」といった言葉だった[30]。言い換えれば、今回のインタビュー対象者たちには、偶然の出来事をチャンスに変える「プランド・ハプンスタンス理論」が当てはまるといえよう[31]。

とはいえ、彼らに「成功者」という言葉をもって接するならば、七名のうちの何人かは「私は違う。その表現はおかしい」と指摘するだろう。しかし、今、生きているという現実と向き合い、経済的・精神的に自立しながら、「自己肯定感」あるいは「絶対肯定感」をもって前に進んできた彼らが紡ぎ出す言葉には力強さが溢れていた。そして、何より、彼らは「資本市場」と関わってきたことを大いに誇りに思い楽しんでいた。

前節までの歴史的考察、並びに、インタビュー対象者の行動様式から得られた示唆として、Ｄ＆Ｉを実現する未来に向けて次の二つを指摘しておきたい。

一つは、「金融知識」の習得の重要性。津田は、女性の自立という点で「英語」の専門的能力の習得をめざした。これを本書の文脈で言い換えるならば、今、日本に必要なことの一つ、それは、市場経済と関わる「金融知識」の習得ではないだろうか。繰り返し述べるが、金融資本市場すなわち広義の金融サービス業務はあらゆる産業のゲートウェイである。ここに関わることは多くの産業と関連性を持ち社会済活動に関与することに繋がる。より多くの女性たちが市場を通して社会との接点を増やし、経済的・精神的に自立し、一人ひとりが自ら輝く社会になることを望まずにはいられない。

そして、もう一つは「価値観」の読み替えである。これまで見てきたとおり、近代から続く「良妻賢母」や「男尊女卑」という価値観はすでに過去の遺物であり、今現在就労する人々の意識は「ジェンダー平等」、「多様性」に向いている。これが現実である。この過去の価値観を現代に生きるわれわれは一体いつまで引きずるのだろうか。この古い価値観を持ち続けるのは男性だけではない。多くの女性たちにも今一度自己の価値観を問い直してほしい。過去の歴史へ敬意を払うことと未来の環境に変化適応することは共存できると考える。渋沢が、教義や解釈を時代と共に読み替えたように、この価値観も今まさに読み替える時なのではないだろうか。

5 ▼おわりに――「それでも―それは動く」

本書では、資本市場に軸足を置きながら、「証券市場」「女性」「教育」という切り口で過去から現在を振り返ってきた。この歴史的考察は、これまでのD&Iの議論に抜け落ちていた「資本市場に関わる女性たちの生き様」という新しい視座を提供したと考える。

しかし、本稿の分析は多くの課題も残している。今回、歴史上の点と点を繋ぎ幾つかの線は示したものの、平面になるには程遠い。より詳細な考察が必要である。また、今回のインタビュー対象者数が限定的であることについては、引き続きインタビューを続け事例の蓄積を図りたい。これらのことは筆者の今後の課題である。

いずれにせよ、D&Iの議論を止めることはできない。今を生きるわれわれは、多様な視点を包摂しながらその議論を一歩一歩進めていかなければならない。最後にもう一度、E. H. Carrの言葉を引用して本稿の締めくくりとする。「それでも―それは動く」[32]。

（注）
（1）日本株式時価総額は3月末時点の数値
（1）日本経済新聞「私の履歴書（赤松良子）」2021年12月1日朝刊
（2）E. H. Carr著・清水幾太郎訳（1962）『歴史とは何か』岩波書店、iii

（3）日本取引所グループＨＰ「株式取引所開設１４０周年」<https://www.jpx.co.jp/corporate/events-pr/140years/index.html>

（4）片桐庸夫「概観 渋沢栄一・九一年の生涯とその実績」渋沢研究会（1999）『新時代の創造 公益の追求者・渋沢栄一』山川出版社、pp.13-14.

（5）影山礼子「男性とともに社会を担う女性の育成へ」渋沢研究会（1999）『新時代の創造 公益の追求者・渋沢栄一』山川出版社、pp.237-241.

（6）東京大学男女共同参画室「資料１：日本の女子高等教育の歴史」<https://www.u-tokyo.ac.jp/kyodo-sankaku/ja/activities/model-program/library/UTW_History/Page05.html>

（7）松野尾裕「日本における『女性と経済学』の起点―１９１０～２０年代、山川菊栄の論説にそくして」栗田啓子・松野尾裕・生垣琴絵（2019）『日本における女性と経済学 １９１０年代の黎明期から現代へ』北海道大学出版会、p.13.

（8）同右、p.12.

（9）同右、p.17.

（10）同右、p.15.

（11）同右、p.16.

（12）同右、pp22-23. 松野尾は「戦後の日本が先進国と呼ばれるまでの豊かな社会を実現したにも関わらず、女性の生活困難の問題を今日に至るまで解決できない一因として、市場経済と家庭経済との統一的把握の視点が希薄であったこと」を指摘している。

（13）同右、p.28.

（14）同右、p.14.

（15）詳説日本史図録編集委員会（2015）、『詳説 日本史図録 第６版』山川出版社、p.257.

（16）松野尾（2019）、pp.21-22.

（17）詳説日本史図録編集委員会（2015）、p.257.

（18）日本取引所グループＨＰ「株式取引所開設１４０周年」<https://www.jpx.co.jp/corporate/events-pr/140years/index.html>.

（19）安東由則（2017）「日本における女子大学70年の変遷―組織の変化を中心に―」武庫川女子大学教育研究所 研究レポート 第47号、pp.1-31.

（20）同右、pp.1-4.

（21）同右、p.9.

（22）同右、p.11.

（23）同右、p.22.

（24）厚生労働省「厚生労働白書 平成18年版」p.44.

（25）岩田喜美枝「女性自身も変わらなければ真の男女平等は実現しない」『DIAMONDハーバード・ビジネス・レビュー』２０２０年４月号、p.75.

（26）松浦民恵「企業における女性活躍推進の変遷――３つの時代の教訓を次につなげる」佐藤博樹・武石恵美子（2017）、『ダイバーシティ経営と人材活用 多様な働き方を支援する企業の取り組み』東京大学出版会、pp.85-90.

（27）同右、pp.90-94.

（28）同右、pp.94-99.

（29）経済産業省（2018）「ダイバーシティ2.0の更なる進化に向けて『競争戦略としてのダイバーシティ経営の在り方に関する検討会』提言」<https://www.meti.go.jp/report/whitepaper/data/pdf/20180608001_2.pdf>

（30）田坂広志（2021）『運気を引き寄せるリーダー 七つの心得 危機を好機に変える力とは』光文社
（31）Kathleen E. Mitchell Al S. Levin John D. Krumboltz, "Planned Happenstance: Constructing Unexpected Career Opportunities", Journal of Counseling and Development, 1999.Volume77, pp.115-124.
（32）E. H. Carr著・清水幾太郎訳（1962）『歴史とは何か』岩波書店、p.234.

第2部

激動の資本市場を駆け抜けた女たち

【インタビュー】

1 今「生きている」という現実。それが大きな立脚基盤

日本の証券市場の歴史を紡いできた研究者

小林《こばやし》 和子《かずこ》 Kazuko Kobayashi

証券市場史研究者
公益財団法人日本証券経済研究所名誉研究員

1942年福岡県に生まれる。1964年東京大学文学部国文学科卒業。1970年東京大学大学院経済学研究科博士課程満期単位取得退学。財団法人日本証券経済研究所入所、研究員。主任研究員、理事・主任研究員を経て、2013年より名誉研究員。

千葉大学、中央大学、文京学院大学、早稲田大学等の非常勤講師、北京大学現代日本研究班講師等も兼ねた。

主著『産業の昭和社会史・10、証券』、『株式会社の世紀―証券市場の一二〇年』、『昭和の証券アナリスト群像―総合証券４社の調査部・研究所を築いた人びと』、『日本証券史論―戦前期市場制度の形成と発展』

▼資本市場に関する仕事

私の資本市場に関わる仕事は、そもそも市場が「資本市場」ではなく「証券市場」といわれていた時代に始まっています。私は、1970（昭和45）年に財団法人日本証券経済研究所に研究職として入所しました。ここでの仕事は、証券会社の営業のための調査研究ではなく、証券界でもまれといってもよい、直接には利益と無関係の研究でした。ただし大学での研究職と異なり、個人の研究と研究所の研究会という二つの柱がありました。自分の個人研究が核にあって、それを外部のほうが中心となる研究会で学びながら活かしていきます。このような研究スタイルで論文を書き、それを積み重ねて本を出版しました。

私の仕事の中核は『日本証券史資料』という資料集の作成で、これは戦後編と戦前編の合計20巻、別巻2冊となります。また、『図説・日本の証券市場』の歴史と証券行政の項目を長年担当してきました。個人研究としてまとめたものには、出版年順に『産業の昭和社会史10』の『証券』、『昭和の証券アナリスト群像』、『株式会社の世紀』、『日本証券史論』があり、『繁栄と破綻・金融機関バブルのコスト』等を編著で出版しました。その他の仕事として財務省（旧大蔵省）の『昭和財政史』、『平成財政史』について証券行政の部を執筆。また国内外の大学で非常勤講師として証券市場論を教えてきました。

▼資本市場の仕事についた動機

東京大学文学部国文学科卒業の私は、もともとは経済や資本市場とはまったく関係がありませんでした。

学部を卒業してすぐに結婚し、同時に経済学部の学士入学の試験を受けたものの落ち、一浪をして大学院経済学研究科に入学しました。進路の変更をしたのは、大学に入ってから自分には文学は向いてないと思ったこと、生涯の仕事として文学をやる覚悟がなかったことにあります。また、文学部を卒業しても就職先がない時代だったので、自分になにがしかの付加価値をつけようと思って経済の大学院に入学しました。いわば自覚的なモラトリアム選択です。子供についても就職してから産むよりも大学院時代に産んだ方が楽だと思い、修士が終わった時に一人、博士課程で一人産みました。

二人の子育てをしながら博士課程での研究を行ったのですが、そのこと自体は自分ではそんなに大変なことだとは思っていません。二人目を出産後、大学に戻った時は東大闘争の真っ最中であり、大学封鎖の状態が一、二年続いていました。この期間は大学院に籍はあるが大学には行けない、行っても授業はないという状態でした。

大学院時代の研究テーマは金融史、特に戦前期日銀の救済金融です。大学院博士課程の2年目の時に証券経済研究所研究室に就職。同所では封鎖された建物の中で、自主ゼミを行ったり、自主研究をしていました。同所には研究室とは別に計測室という部署があり、すでに同世代の女性研究員が活躍していました。同所の役員は当時から女性を採用することに偏見がなかったといえます。男女の別ではなく、仕事ができるかどうかで判断していたところは非常に進んでいました。私は入所した時は、すでに子供が二人、そしてもう一人産まれるという状況でしたが、それを認めて私の期待値を買っていただいたわけで、それに応えたいという気持ちが強かったと思います。

▼市場環境の変化について

先にも述べましたが、1960～1970年代は資本市場という言葉は一般的にはあまり使いませんでした。言葉一つをとっても証券市場に対する社会的な評価が変わったと感じます。当時は、証券というと蔑みの対象という印象もあったのですが、現在は資本市場にまで「昇格」し、認知度が格段に上がりました。

ただ、その内実に関してはどうでしょうか。1989年のバブルの絶頂期、円高も相まって、日本の株式市場の時価総額は世界一になりました。このような状況は私が入職した際には考えも及びませんでした。1960年代でも日本の株式時価総額は世界2位か3位でしたが、アメリカとの差が大きかった。その後の20年でアメリカを追い越したことになります。このように株式市場の外形は大きく成長したといえますが、市場の内実は、立派な、称賛に値する、足腰の強い市場になっているかというと、必ずしもそうではありません。

これは、産業、企業の側が資本市場を十分に活用しているかという問題です。1990年代に企業の内部留保が膨らみ外部資金に依存しなくても済むようになりました。市場自体が大きくなって企業に資金提供ができるという意味で、市場の足腰が強くなっているはずなのに、現在の資本市場は実需だけではなく投機需要が集まるようになっています。結果的に、年金資産のような投機に向かない資金も巻き込まれる構造になっています。市場規模の小さい時代に比べて、現在は市場規模が格段に大きくなっているのですが、それだけに投機的側面の脆弱さが危惧されます。21世紀の企業の資金調達は、場合によっては企業の内部循環で賄われ、外に出てこないかもしれません。企業は一つの大きな独立主体になってしまい、これに対して外部からは誰も手を出せないような状況になっているのではないかと考えることもあります。資本市場は社会と関わる基盤の部分が薄くなって浸食されているようにも見えます。文学的な表現になりますが、形はあるように見えるが、内部は空洞化しているのではないかという感覚があります。

▼資本市場で起きた事象で印象的なこと

一番印象に残っているのは、証券取引審議会の部会の委員をしていた時に山一證券が破綻したことです。山一證券は90年代の証券不祥事が原因となり倒産したのですが、同社は明治期の創業以来１００年続いた企業です。１００年企業というと岩盤に根を張ったような強くてよいイメージを持ちますが、内実は損失隠ぺいを続け、それを阻止するシステムがなかった、つまり自己防衛機能がない証券会社でした。自己防衛とは悪い意味ではなく、本来自分が倒れて死なないように防衛する機能が生体にあるように、組織にも本来ならばあると思うのです。つぶれる組織にはこの機能がなくなり、もはやつぶれるしかなかったのだと思います。

現在の証券会社については、社会に役に立つ仕事がかつてのようにはないのではないか。証券界は産業を助けるという意味で、産業に対する有力な同伴者、伴走者であるが、そのような役割を十分に果たしているようには感じません。また、今の証券界は可能な限りクリーンさを保とうとしているが、やはりダークとはいわないがグレーの部分がどうしても残るような営業形態だとも思います。

▼仕事を振り返って今だから思うこと

私の仕事は証券市場の歴史研究という分野ですが、これはほとんど人がやらない分野でした。証券界の人は、現在のこと、そしてちょっと先のことをみんな知りたがります。すべてを現在価値に計算し直して、近い将来を予測する、これを繰り返して、過ぎ去った過去のことは誰も見向きもしません。

私の研究分野は皆が見向きもしないところにありました。これはある意味では後ろ向きの仕事といえますが、私の性格には合っていました。ただやっている時は本当にしんどかった、何もかも投げ出したいくらいしんどかったこともあります。例えば『日本証券史資料』の仕事は、最初の監修者の志村嘉一先生が途中で亡くなられました。その後私が監修者になったのですが、資料室の人数が少なく、実務的な仕事、事務的な仕事、そして編集、すべてにおいて自分で決めなければなりませんでした。やっている時は「お前のやっていることは何か不足しているよ」と常に言われている感覚がありました。そういう意味で限界とプレッシャーを常に感じていましたが、それでも続けられてきたということは、結構立派な「鈍感力」が私にはあったのだろうと思います。だから押しつぶされないできました。仕事しながら自分が自分を批判していながら、その自分に対する批判をここまでに収めておいて、下までいかないように、押しつぶされないようにできたのが「鈍感力」だったと思います。「鈍感力」は悪くとらえると、人に対しても鈍感になるため、すべてが鈍感でいいということではありませんが、自分の中の敏感さが、過敏になって自分を食

いつぶすということはさせない「鈍感力」がありました。
研究職でも普通の仕事でも、正直にいって男女の比較はあまりしたくないのですが、女性のほうがある意味では、自分の計画が損なわれるとものすごく落胆する傾向がある。つまり女性のほうが敏感に反応し過ぎるのではないかと思うことがあります。しかし、今の計画とちょっと先のこととは、違ってきて当たり前だから、と言いたいのです。求める価値を、自分の能力の範囲内で見直して、なんとかまとめあげることが、時間管理にもつながると考えます。

▼女性だから得した・損したこと

女性だから損したということはないことはないが、私にとってはそれはそんなに大きなことではありません。ならしてみれば私は得をしたほうが多かったと思います。私が仕事を得た頃は、前述したように、証券市場の社会的な評価は決して高くありませんでした。そのため証券界にくる男性の中には、傾向として上昇志向の社会から外れた人も来ていました。例えば学生運動をやっていた人もいました。私の大学の先輩方がこの世界にいたこともあり、いわば少数派同士で、私は比較的可愛がっていただいたと思います。

▼仕事で経験した最大の成功・失敗

『日本証券史資料』の編纂を最後まで行えたことは秘かに誇れることだと思っています。昭和20年代、30年代、40年の証券恐慌まで戦後編10巻。また明治から戦時期までの戦前編10巻の編集を終えて、次の世代の人に引き渡すことができました。この間、何十年も編纂者として健康を保てたということでもあり、振り返ってみれば非常にラッキーだったと思います。

失敗とか反省ということになると、前述したとおり、最初の監修者の志村さんが亡くなられた後、他の研究員に仕事を分担してもらうことができなかった。実質私一人でやっており、自分で突っ走ってしまったので、私の下で働いてくれた事務の方を私のペースに巻き込んで無理を強いた面があるかと思います。そういう意味では、人の能力を見て適切に仕事を割り振るという能力が私には欠けていました。自分の考えを押し付けてやらせ過ぎたという反省があります。

▼キャリアや仕事のために払った最大の犠牲

大した犠牲はありません。私の場合は、いいかげんな人間なので、家庭と仕事の両立は非常に低レベルでやっていました。ありがたいことに夫も家庭生活に高い技術的なものは望みませんでした。子供は0歳から保育所に預けていましたが、私の仕事は研究職なので9時5時で強く縛られることはなかったのです。研究職は、あまり時間にうるさいことは言われずに、締め切りを守り、原稿を出せばよいので、それだけは確実に守りました。今のように育休はなかったため、産休明けで復帰して仕事をしましたが、子供が小さい時は家に仕事を持ち帰らず子供中心に切り替えることができたこと、また自分も子供も大体は健康であったことで不安なく生活できました。本当に幸いでした。

▼子供の頃の夢

子供の頃は将来こうなりたいという思いはまったくありませんでした。物心ついた時は、戦争の真っ最中です。私は昭和17年1月に生まれ、昭和20年3月に東京大空襲が起き、おじ気づいた母親と弟と母の実家の福岡に疎開しました。ところが帰った先の祖父母の家が6月の福岡空襲で焼かれたのです。私は夜中に家が焼け落ちていくのを見ていました。それ以前に、向かいの家にも焼夷弾が落ち、生まれて初めてのボーイフレンド（?）だった男の子が焼け死んだのです。その子が防空壕から運び出されるのをずっと見ていました。それが私の、子供としての、最初の頃の記憶です。その時に、今の自分の言葉で言えば、「なんと生ははかないものだ。人は死ぬのだ」ということがはっきりわかりました。その後、母親は弟を連れて東京に帰り、私はそのまま祖父母に預けられ福岡に残りました。3歳半で親離れしてしまいました。祖母が東京にいる母親に手紙（実際にはハガキ）を書くようにと、早くから字を教えてくれ、毎月のように手紙を書きました。そして、小学校にあがる前に、私は東京の父母の元にもどりました。今考えるとこの体験が私にとっては決定的なことでした。夢や希望はまったくとはいわないが、持たない、現実で考える、今生きている自分がいるということ、その現実が一番大きな立脚基盤なのです。それに対して何か考えていることは、文章にして書きます。これは母に毎月手紙を書いていて身につけました。夢や希望ではなく、その時の現実が私の人生をほぼ決めたと、あとから考えてみればそう思います。他の人生はなかったと思います。

▼自信をなくしたときの立ち直り方

私の場合はとにかく寝ること。眠れないこともあるけど、とにかく目をつぶって布団をかぶってしまいます。そのことで体にあきらめさせます。頭にそのことを考えるのをあきらめ、つらいことを考えないようにさせます。そういう自己防衛機能が働きます。その他、体が動けたらエアロビクスをやっています。これはつらいことがあるからやるわけではなく、体は動かすようにしています。今、自分を責めている嫌なことに、何もしないで屈服するのではなく、とりあえず直面しないで、何か他のことをして立ち直ってきました。

また、睡眠は第二の死であるという考え方があります。寝る＝死ぬ。本当に死ぬわけではなく、昼間の活動的な時間に対して、寝ている時間は死んでいる時間だとも考えられますね。そうすると朝起きた時とりあえずはリセットされています。リセットされないほどつらいこともちろんあるけれど、体の疲れ、頭の疲れはある程度とれます。

▼学生時代の自分に教えてあげたいこと

まったくありません。人生は一回だけだと思っているから。夢の中では繰り返すことはあり得ても、現実にはあり得ないので可逆性はない、ただ一回の人生を生き抜くしかないと思っています。強いて言えば、良い友達を持てと言いたいのですが、それは今の、すでに大半の人生を生きてしまった私から伝えるのではなく、本人がその時にわからないと仕方がないことだと思います。

▼（追加質問）男女の距離の取り方

男性は女性に対して、「怖い」「可愛い」「母性的」などいろいろな距離の取り方がありますが、私に対しては昔から大体「怖い」が基本だと思います。しかし、それを乗り越えると楽しい友達になる人もいます。研究会や学会の他、証券アナリストの大先達松本和男氏が主催した「資本市場フォーラム」には、年齢を問わず多くのアナリストが集まり、今でも良いお付合いが続いています。また、文章を書く「軟弱の徒」（かつての証券界の感触）の集まり「東証ペンクラブ」も、少数者なりの「書く」という強い絆があります。

▼これからやりたいこと

1年半くらい前に病気をして、それ以来常にあと1年かな、という感覚で生きています。まさに「今を生きる」のみになりました。将来に向けてのことはありません。今を生きることがすべてだと思っています。文章を書くことは続けています。仕事を辞めてからずっと日記を書いており、また執筆の依頼がある時は書いています。読み・書き・歩き・歌うをできるだけ、できる間は続けたいです。

▼憧れ、尊敬する人

私は誰もが知っている有名な人というより、むしろ無名の一所懸命に生きてきて亡くなった友人たちや先輩など、そういう人たちを尊敬しています。自分の人生に関わりのあった、いろいろなことを教えていただいた方々すべてであり、彼ら彼女ら個人の名前をあげることはできません。

▼人生に影響を与えた書籍、映画、舞台など

はるか昔に感銘を受けたものの1冊に、小学生の頃に読んだローラ・インガルスの『大草原の小さな家』があります。感銘を受けた本は他にもたくさんあります。

一回読んだら終わりというものではなく、部分的にですが、繰り返し読んできた本としてカール・マルクスの『資本論』をあげたいと思います。これは、19世紀末から20世紀初め頃のイギリスの実際の経済を分析して書かれた書物ですが、その後21世紀になり、トマ・ピケティが『21世紀の資本論』を出版しました。これは『資本論』を下敷きにして、その後100年間、どのように経済、社会が変転したのかを分析したものです。結果として、やはり相変わらず格差がある、資本所有者と非所有者間の格差が拡大している、ということを指摘しました。現実社会では『資本論』の描いた社会に絶望したというよりは、その段階の社会の貧困と格差に絶望して、革命を起こした人たちがおり、社会主義諸国が成立しました。それから100年が経ち、ソ連は崩壊、中国は市場経済路線をたどりました。『資本論』は結局、資本主義経済が

いかに回っているかという、その運動方式を証明したものだと私は思います。

資本の論理で資本が利益を上げるというために運動を繰り返すということ自体は認めた上で、資本の論理で説明することができないことがあります。その結果生まれる不平等の問題について、いかにして分配を公正なやり方でするかということが、さらには広汎な資本主義化の結果生じた地球温暖化の危機などが、結局のところ今、人類が直面している問題ではないでしょうか。この意味ではマルクスの考え方の一部がまだ私の頭の中に残っていると思います。人間社会、人類社会全体を考えたときに、『資本論』は欠かすことができないベーシックな理解の手段だったと今になって思っています。

▼座右の銘

今日一日を味わう楽しみ。この楽しみを味わうということを一番大事にしています。前述のように私は死にかけたかもしれないのでなおさらにそう思います。ただ一生かけてここまでたどりついたという感覚ではなく、毎日毎日、寝る時にスーッと寝られて、起きたら、「あ、私はまだ生きている」という感覚があります。そうやって、目覚めることができた今日一日を大事に味わいながら生きたいなと思います。

▼ダイバーシティについて

必要か必要ではないかという二者択一でいわれると、もちろん必要です。ただ、必要かどうかという問いはややずれているのではないでしょうか。前述の『資本論』についても、資本の運動だけで世の中が回っているわけではないように、この地球上には様々な構成員がいるでしょう。人類だけではなく、動物も植物も細菌も、実はウイルスまでも含めて地球の構成員全体がお互いに絡み合いつつ、自由度と幸福度を上げていける方式が理想ではないでしょうか。多様性とはここに含まれる問題だろうと思います。

私自身は自由でないといやです。また自分も幸福な方がよいが、人も幸福な方がよいです。自分の自由と他人の自由、自分の幸福と他人の幸福、ぜんぶ同じように実現してやっていけるとよいと思います。

2 壁に突き当たったときに解決していけばいい！

金融資本市場の最先端の課題に挑み続ける経済学者

首藤《すとう》 恵《めぐみ》　Megumi Suto

経済学者・早稲田大学名誉教授

1970年慶応義塾大学経済学部卒業。1972年同大学経済学研究科修士課程修了後、財団法人日本証券経済研究所に就職し、計測室研究員補から研究員、主任研究員へ。その間、1973年慶應義塾大学経済学研究科博士課程へ進学し、1976年満期単位取得。1987年同大学経済学博士。1988年明海大学経済学部助教授、1999年中央大学経済学部教授、2004年早稲田大学大学院ファイナンス研究科教授。2016年同大学経営管理研究科（通称早稲田ビジネス・スクール）教授を経て、2018年より同大学名誉教授。この間、米国ブルッキングス研究所、英国オックスフォード大学でそれぞれ1年間の在外研究。学会活動として、証券経済学会理事、日本金融学会理事など。学外活動として、大蔵省金融制度調査会委員、財務省関税・外国為替等審議会委員、財務省独立行政法人評価委員会委員、内閣府金融審議会委員、日本投資顧問業協会理事、その他いくつかの企業で社外役員など。

▼資本市場に関する仕事と資本市場の仕事についた動機

私は1970年に大学卒業後、修士課程で2年間、経済発展論を学びました。修士を終えた後、博士課程に進むかどうか非常に悩みました。その理由として、当時、発展論というと先進国の目線で途上国を見る傾向が強く、それに対する途上国からの抵抗も強くあったため、その時取り組んでいたタイの労働市場の分析に行き詰まりを感じ、躊躇したことが挙げられます。

修士取得後に就職をしようと思っても、現在とまったく状況が異なる当時、女性の経済学部出身でなおかつ修士取得者には就職先がありませんでした。その時、たまたま日本証券経済研究所が研究助手を募集しているのを見つけて応募しました。阪大の蝋山昌一先生や、以前東大にいらした浜田宏一先生が新しいファイナンス研究の場をつくりたいと、日本証券経済研究所に計測室を設立したのです。当時日本では、金融を担うのは銀行業であり、証券市場はあたかも「とばく場」のようにみなされる傾向が強く、あまり正当な金融のマーケットだと思われていませんでした。そういう状況の中で、この新しい金融分野への男性研究員の応募は期待できないと考え、女性で見込みがある人を集めて教育し、新しい研究の担い手にするという方針だったと聞いています。

たまたまその様な機会に応募した所、修士を取得しているという理由で、研究員候補者として採用していただきました。その時点で私の金融についての知識は大学の金融論のみであり、またあまり興味がない分野でした。「これはもう勉強しなければいけない」と思い、計測室で蝋山先生を中心に1年間ファイナンスの導入教育を受けながら、経済発展論から財政金融に専攻を変えて博士課程に入るために勉強しました。昔は専攻を変えるのは腰が据わってないということで非常にネガティブに評価されましたが、今はむしろポジティブに捉えられると思います。

こうして1年後、証券経済研究所に勤めながら博士課程に行くことになり、初めて、資本市場に関する勉強を始めました。マーコビッツとかシャープ、ミラーという高名な先生方が、当時アメリカで新しい分野の開拓者として注目を浴びていました。コーポレート・ファイナンスとポートフォリオ理論（現代ファイナンス理論）を最初から勉強させていただいたことは、非常に幸いでした。他の人がやってないこと・新しい分野に入ることができたからです。このような形で、研究員として博士課程に行きながら仕事をするようになりました。

計測室はファイナンス理論をうたっていたものの、今では当たり前のリターン・リスクといった投資収益率のデータすらありませんでした。そこで証券取引所から株価の基礎データを入手し、株式投資収益率の計算を行い、基礎データづくりを始めました。東証一部上場から二部にまたがり、１９７５年ぐらいから株式投資収益率として公表することになりました。個人研究として、投資収益率データを用いて投資信託を対象に、いわゆるポートフォリオのパフォーマンス分析をしようと思い立ちました。恐らく、ポートフォリオ理論に基づく日本初の株式投資信託のパフォーマンス分析であり、１９７９年にそれを発表しました。

並行して、私は背景が経済発展論だったため、より広く市場の役割を分析することに強い興味があり、

１９７７年ぐらいから証券業を産業として見た研究を始めました。それまで、銀行は金融産業として見られる一方で、証券業はそう見られてはいなかった。そこで証券業を産業として捉えた産業組織分析を始めました。この成果は１９８７年に『日本の証券業―組織と競争』、というタイトルで、東洋経済から初めて著書として刊行されました。それが私の博士論文です。証券業の研究を博士論文として提出し、博士号を獲得できたことで、本格的な証券市場研究の出だしとなりました。

▼市場環境の変化について

私の駆け出し時代と現在とでは、証券市場に対する世間の受け取り方がまったく違います。前述のとおり、証券市場の経済機能や証券業の金融サービス業としての役割・機能が正確に捉えられておらず、また市場自体も資本市場として極めて未熟な状況でした。今のように証券業は金融サービス業の重要な一角に位置づけられ、特に資本市場としての証券市場の重要性が当たり前のように受け取られている状況ではなかったのです。博士課程における私の指導教授から「銀行ならともかく証券業なんてやっていると、大学の就職ないよ」と言われたことがものすごく頭に残っています。その時は逆に、「日本の金融サービス業と金融システムはこれから大きく変わるんだ」という強い期待を持ちました。

▼資本市場で起きた事象で印象的なこと

一番印象に残ったのは、やはり１９８０年代のバブルとその崩壊です。１９９０年代に入ってからの四大証券会社の一角であった山一の自主廃業、そして売買を中心に急成長して巨大なディーリングルームをつくった三洋証券の倒産は、私にとってブラックマンデーよりも印象的な出来事です。

ブラックマンデーと呼ばれる米国株式市場の大暴落が起こった1987年10月19日に、私はたまたまウォールストリートで聞き取り調査を行っていました。記憶が曖昧ですが、投資信託かファンドマネジメントの関連だったと思います。話を聞いている最中に向こうの人が「ちょっと待ってください」と言って出ていき、「今、マーケットが大変なことになっているので、ここで打ち切らせてください」と言われたのが、いわゆるブラックマンデーでした。ブラック＝ショールズのポートフォリオインシュアランスなどの投資手法が急速にマーケットで使われるようになり、必ずや市場の不安定化につながると思っていたから、ブラックマンデーは大きな出来事でしたが、それほど不思議だと思いませんでした。なぜなら、理論の前提と異なる状況の下で、理論に基づく取引手法が広く、一義に使われてしまっていたからです。

他方、私にとって日本のバブルとその後の破綻は、証券市場と証券業の大きな変革を期待させるものでした。三洋証券のディーリングルームを見に行った際、巨大な体育館みたいな所で取引所の様なことを行っており、強い不安感を抱きました。バブルがクラッシュしたことによって、これから新しい日本の証券市場や証券業が展開していくという期待、新たな段階に向かうという期待が大きかったです。しかし、バブル後の証券市場と証券業は、期待したほど変わりませんでした。私にとって変わらなかったことが最も印象的でした。個人的にその時は大いに明るい展望を持ったのですが。

▼仕事を振り返って今だから思うこと

どういうふうに答えるか、私の受け取り方で答えます。

私の資本市場や金融サービス業に関する研究で、一貫して焦点を当てたのは機能の分析です。金融市場や証券市場の機能に加え、銀行業や証券業も含めた金融サービス業の機能はどうあるべきか。金融システムの社会経済におけるあり方から、金融・証券市場や金融サービス業の機能を考える。どういう機能を強めていくべきなのか、どういう機能が足りないのか、に素朴な疑問を持ち、機能の側面から証券市場、資本市場、そして広く金融システムの課題をとらえて、金融サービス業を分析しようと考えてきました。

この質問をいただき、自分の中で改めて三つの分析視点の重要性を再認識しました。一つは、金融システムの経済機能の視点から市場やサービス産業を分析すること。これは、私が学んでいた経済発展論の視点の影響を強く受けています。経済社会が発展していくためには一体どういう条件が必要なのかという観点に立って、経済システム、経済活動、経済社会を支える基盤として、資本市場と金融サービス業のあり方を分析するということです。

二つ目は、理論をベースにしたパフォーマンス分析の大切さ。金融にあまり馴染みがない状態で、日本証券経済研究所に入ってからファイナンス理論の洗礼を受けたことで、最先端理論の視点に立って証券市場などを見ることができた。つまり、金融パフォーマンスをどういうふうに捉えるのか理論的に考えることができました。

三つ目は、一つ目の視点にも関連しますが、広く社会経済的な視点から分析を行うということ。私が、特にこの分析視点の重要性に気付いたのは52歳の時。1999年か2000年にかけて1年間オックスフォードに在外研究に行った時です。そこで、社会経済の視点から金融市場や投資行動、あるいは金融サービス業を見るという広い視野に立って、多様な分析が行われていることを知りました。金融のみにスポットを当てるのではなく、その背景にある社会経済を念頭に置いて分析をする。そうであれば企業の社会的責任行動についても、それを資本市場の機能つまり企業の価値評価と結びつけることができる。広義のガバナンス（株主や市場のみならず社会）の視点から、企業活動に対する評価・モニタリングが、資本市場の価格形成とどのように結び付くかを考えることができる。こうした視点は決してマイノリティーではありませんでした。当時、日本ではなじみの薄い企業の社会的責任問題や責任投資が金融市場の機能といかに結び付くのかという研究が、広くなされていることを初めて知り、それがむしろ国際的なスタンダードになっていることに気付かされました。

この三つの視点がその後の私の研究の方向性を180度ぐらい変えました。特にオックスフォードでの経験がその後の研究の方向だけでなく生き方に関しても影響を与えました。向こうの人達がいかにそれぞれの生活を大切にしながら研究活動を行っているかを知ったからです。日本では、家庭を持ち、家事や子育てをしながら、研究で常にアウトプットを出していくのは凄く大変だったけれど、オックスフォードで出会った人達には、そんなに頑張らなくても、生活と仕事を上手く組み合わせていくのが当たり前だという余裕がありました。研究への取り組みでも、広く様々な分野との交流を楽しみつつ研究活動を行い、研究の方向性や成果に反映していく。これは大きな衝撃であり、帰って来てから私の生活や研究のスタイルは相当変わりました。

日本では女性が大学院に行くことは、その当時極めて少なく、私はいつでもどこでも大体一人でした。大学院に行き、そして研究という仕事を持ち、結婚もしたい。私は仕事だけという生き方は嫌だったので、そのためにいつも必死に頑張っているという感覚があったが、イギリスで様々な国から来た研究者を見ると、そんな頑張り方はしていませんでした。ディナー、ウオーキング、ちょっとした研究の合間のお茶の時間やランチに、みんな集まって楽しくおしゃべりするなど、そういうゆとりを感じました。また、週末は劇場に行ったり音楽会に行ったり。小旅行に家族で出かけるなど日々の生活を楽しむことを大事にしていました。

それまでは、研究を自分にとってやるべき仕事と考えるより、自分の人生を（人生という言葉はあまり好きではないが）、自分で選びたい、そのための手段という気持ちが強かった。そのために必要な精神的な自立と社会的な自立の基盤は、経済的な自立にあると考えていました。この点に関して私は、今も揺るぎません。経済的自立を確立しない限り、自由な選択ができないという思いがあり、仕事としての研究も頑張った。女性という立場と家庭を持って研究の時間が限られている故に、人と同じようなことをやっていたら絶対不利と考え、常に人のやらない分野に進んできました。当時は、男性・女性で同条件の人がいたら男性が選ばれ、女性は弾かれるのが普通であったから。そのため、他人がやらないことをやり、客観的な成果を出していかなければ、チャンスを掴めない、という思いがあったからです。在外研究の経験は、研究を楽しむことの大切さを教えてくれました。

▼女性だから得した・損したこと

当然あります。しかし、損と得は裏腹関係です。1970年代当時、女性は男性と同じスタートラインに立てないという事例が山ほどありました。同じスタートラインに立てないという現実は、現実と受け止めざるを得ない。それだけでなく、パワハラ、セクハラは当たり前。例えば今では大問題になるでしょうが、「あなたは結婚してご主人がいて保険もそこに入れるのに、なんで正規の職が必要なんですか?」と言われたこともあります。そういうネガティブな発言や性差別がおかしいとされなかった時代でした。

だから私は、客観的な評価を得ること、人のやってないことをやるということを徹底してきました。個人的にも人のまねをしたくない性格なので、丁度合っていたといえます。自分の視点を大切にしてニッチな仕事をやって発表し、客観的な評価に結び付けることを心掛けてきました。学会報告を行いさらに、論文にまとめて発表する・本を出すことに力を入れました。同じスタートラインに立てないからこそ、自分の生き方を探り、成果を上げることができたと思います。つまり、コインの表と裏ということ。大学に職を得た後は、女性だから社会的に得することも少なくありませんでした。女性の研究者は少なかったから、学外活動でいわゆるお役所の仕事や企業の社外役員のオファーが来ました。それに対して男性陣から女性だから得しているという目で見られていたことも確かです。女性だから声が掛かるっていうのは確かにあったのだから、これも裏腹の関係だと思っています。

振り返ると、こういう状況の中で、私は必要以上にいつも戦闘モードでした。女性は特別扱いと見られる中で、男性社会（男性は結構、様々場面で忖度する）に迎合したくないという意識が強く、必要以上にいろんなところで摩擦を起こしていたと思います。それまでも女性の進出を特別視する男性社会は息苦しかった。そこから開放されたのが結婚した時です。結婚した時の開放感は、格別でした。「独身で研究なんてやっていて、なんかおかしなこと言っている」という目で見られていたので、そういう風に言われないように、必要以上に武装していました。独身でなくなったことで、「これでもっと楽な気分になれる」と思えたのです。独身者と既婚者に対する社会の姿勢が全然違ったということです。

結婚は研究所時代の1977年でした。1978年、1980年に二人の息子を授かり、子育てが大変で、一時期は非常勤に変わりました。それを海外の研究者に言ったら、「ええっ。そんなことあるの？」とか言われて、呆れられました。

▼仕事で経験した最大の成功・失敗

失敗と反省点は、数えきれません。女性にとって非常に厳しい環境だったから、必要以上にいろんなところで身構える、摩擦（言わなくてもいいことを言ったり）を引き起こす。私は忖度する、迎合するのが嫌で、ある意味KYでした。空気を読まないでいろんな発言をすることをむしろ意識的に心掛けてきた傾向があります。肩肘張っていたことで、損したことは山ほどあると思います。

誇りに思っていることは、いつも誰もやってない最先端の課題や活動を見つけて取り組んできたこと。それから、他にもいろんなことやってきたが、一貫して研究活動を続けてきたこと。退職後の今も。最後まで一研究者として終わりたいという思いがあります。研究活動を疎かにしてきたことはありません。それで一本筋を通してやろうと思っていて、それが一つの誇りでもあります。そして、それができることが私にとっての成功だと思っています。

そしてもう一つ、結婚して夫と子供を持つことができたこと。家族を犠牲にしてまで仕事をやろうとは思いませんでした。結婚して家庭を持つ、子供を育てるというのは私にとってやりたいことでした。様々なことがあったけども、辛うじて両立できたっていうのは誇りかなと思います。

▼キャリアや仕事のために払った最大の犠牲

伸びやかな生活ではなく、いつも時間に追われており、子供に対しては余裕がなかったこと。後悔はしないけれども、それしかできなかったかという思いはあります。

やはり最大の犠牲は子供たちだったと思います。子供には親を選ぶ権利がないから。たまたまそういう親に当たったので。子供にとっては多忙で強圧的な母親であり、苦労したと思います。余裕がないから自分ができたことができない時、「なんでそんなことできないの」と言ってしまっていたが、息子から「自分ができたからって当たり前のように他の人ができると思っちゃ駄目だ」「人はそれぞれ違うんだから」って言われたりしました。

しかし、私にとって息子達は最大の理解者です。今はそういう風にいっているが、私の子育ては成功例とはいえません。反省点や苦い思いはたくさんあります。でも、一応、息子達は独立して生きているので、まあまあかなと思っています。

▼子供の頃の夢

私の子供の頃の夢なんてみんな、他愛のないもの。最初からこうなりたいとかこうしたいという人は、あまりいないのではないかと思います。夢というか、あれになりたい、こうしたいと思うことは多々ありました。小学校高学年から中学校ぐらいまでは文化人類学と考古学に強い興味を持っていたので、ああいう仕事（遠征とか発掘調査とか）をやりたいなとは思っていましたが、高校に入って楽しく生活をしているうちに、それもなくなりました。

実は私は、高校から大学の間はずっと迷っていたのです。自分が何をやりたいのか、自分の好きなものは何かがわからなかった。だから、簡単に、自分の好きなものを見つけましょう、目的を持ちましょうというのは間違い。若い人はたくさん迷えばいい、と思います。自分の思うようにはならないものの、選択しなければいけないときにきちんと選択ができるかどうかが重要だと思います。私だってずっと文化人類学を夢見ていたが、高校在学時は運動ばかりして遊んでおり、大学に入るとまた迷い、何をやりたいのかがわからな

い。当時は女性だから会社勤めをしてもたいした仕事は期待できない。何か自分の軸がないといけないと思い、大学院に行きました。しかし大学院に行ったからといってその先、職業を見つけられるかどうかもわからず、いつも不安定な状況でした。

慶應大学の経済学部に行った理由は、文学部などの女性がたくさんいるところには行きたくなかったというだけです。最初、工学部に行きたいと思いましたが、工学部を目指して数学の補習を受けていたら、私は理系に向かないと悟りました。では経済学部に行くかと、とそんな感じでした。

経済学部に行った目的として、経済的な自立というのはまったくなくて、とにかく専門的な何かをやっとかなければいけないと思いました。経済学とは何をするものかなど、そんなに深く考えてなくて、今まであんまり知らないからおもしろそうかなという程度。だから本当にふわふわとしていました。

修士課程で発展途上国の経済発展をテーマにしたのは、アジア社会に興味があったから。だからこれも漠然としたもの。しかし、子供時代の夢「文化人類学をやりたい」に関連しています。文化人類学で興味を持った地域は西アジアだったが、それから東アジアなど様々な国のことを勉強したいと広がった感じです。

▼自信をなくしたときの立ち直り方

個人的には、歩く。自信をなくしたときや逆境で辛いときは歩く、ひたすら。何も考えないようにして、考えない時間を大事に。何時間も歩く。旅行に行くこともありますが、子供がいるときはあまり時間が取れないので、そういうときはとにかく時間があれば歩くと。歩いてしばらく経つと、地上から自分を切り離すことができる様な感覚になります。歩いているうちはどんな回り道をしても、気にしない。そうして、ちょっと客観的に自分を見つめるっていうことができるようになる。歩くのが好きなので、今も毎日歩いています。

▼学生時代の自分に教えてあげたいこと

一つは、博士号の授与式での塾長の言葉。大学の就職口を得るために博士号の取得を目指したので、結果的に私が発展論研究の同期で一番早く博士になりました。授与式では経済関係は女性一人。他の同期の男性は、みんなすでに大学で就職が決まっていました。その時、当時の慶應大学塾長の石川忠雄さんが授与式で言われた言葉に強く感銘を受けました。「学問の裾野は広ければ広いほど望ましい」、「広い視野を持っていろんなこと勉強しなさい。広ければ広いほど高く登れる」というのでした。これはその後、何かにつけて思い出します。例えば、金融の勉強をするにしても、金融だけにフォーカスしていたら、それ以上の広がりはない。色んなことに興味を持って関連する幅広い物事を見ていくことが大事だなと思います。また、私が他人よりある意味、得をしていると思えることは、発展途上国の問題やアジア経済などをやっていたこと。日本経済やアメリカ・ヨーロッパ経済を見るときも役に立ちました。だから、ある程度いろんな角度から見ることができるという風に感じています。学生時代の自分に、幅広く興味を持っていろんなことやりなさいとアドバイスしたい。

それからもう一つ、私にとってこれは大きな反省点だが、コミュニケーション力を養わなくてはいけない。特に活動を国際的に広げることがこれからますます重要になってくるため、コミュニケーションの手段として言語能力を身に付けていかないといけない。英語は下手でもある程度使いこなせることが必要であり、そのためにはただ語学を勉強するだけでなく、若い時に海外に留学するなど、異なる社会的・文化的背景を持つ人と触れ合うことが必要だと思います。

日本人は、なぜ国際学会で目立たないだけでなく、積極的に出ていかないのか。若い時にそういう経験をしていないからではないでしょうか。様々な国の様々な考え方に接し、その中できちんと意思の疎通をして、あるいは意見述べることがなかなかできない。同じ英語であっても国によって人によって全然違う。その中でコミュニケーションをとっている。若い人は、どんどん海外に出て留学しなさい、そして言葉はコミュニケーション手段として（うまい下手ではなく）身に付けなさいということ。私が、海外で本格的に勉強したのは52歳の時のオックスフォードでの在外研究。その10年前にアメリカに1年行ったが、それだけです。だから、やはり物凄く苦労しました。ただ私はオックスフォード以降、毎年必ず国際学会で発表することを、ずっと意識的にやってきました。自分へのプレッシャーだが、そうしないと。日本の国内だけで勝負していたら駄目だと思うのです。今、中国や韓国の人が海外に出て積極的にいろんな活動をしているのに、日本人は目立たない。これは大きな問題だと思います。

だから若い人には、海外に行きなさいと言いたい。海外に留学しなさいって言ったら、語学留学に3か月行きましたとか言っている学生がいました。そうではなく、海外の大学を目指したり、大学院の2、3

年は海外で勉強するなど、それぐらいのことをやらなければ。これは日本の将来を支えるための課題だと思います。

▼これからやりたいこと・夢

夢・これからやりたいことは、自分ができることがある間は、あるいは意欲がある間は、研究活動を続けたいというだけです。そういう意欲がちょっと弱くなったとき、周りの人たちは言ってくれないだろうから、さっさと自分で引き際を決めたいと思います。その後は穏やかに生活し、誰も気が付かないうちに死んでいく。これが私の夢。

私、楽しみはいろいろあるけれども、いわゆる打ち込める趣味というのはありません。趣味がないということは、仕事が趣味なのかもしれない。楽しみとしては、旅行に行く、お芝居を見る、音楽を聴くなどいろいろあるが、それらは単なる楽しみで、趣味じゃない。趣味がないと、仕事から離れたり、お年寄りになったら困るので、皆さん、趣味をちゃんと持っておいたほうがいいです。

▼憧れ、尊敬する人

いません。憧れ・尊敬する人というのはロールモデルであって、私にはロールモデルを持つような余裕がなかった。人の人生は生きられないから、なんとか誰かのようになりたいなんていう思いはないですね。

▼人生に影響を与えた書籍、映画、舞台など

一番、衝撃を受けた・支えられたと思った書籍は、文化人類学に関係あるもので皆さんご存じないと思いますが、西川一三という方の『秘境西域八年間の潜行』という探検記です。これは、ラマ僧になって西域で活動したという、第二次大戦中の日本のスパイの手記です。チベットから内モンゴル、内モンゴルからモンゴル、チベットからインドに抜けて、七回もヒマラヤを超え8年間も潜行した。敗戦後は、チベットからインドに下りた直後、官憲に捕まって強制送還された。その人によって書かれた本です。これはものすごくおもしろい。なぜおもしろいのかというと、それだけの覚悟を持って潜行しているにも関わらず、使命を果たすためという頑なさはなく、柔軟に様々な状況に対応しているから。

実はこの本を読んだのは、最初の子供がおなかにいた時。仕事と育児の両立に悩み、自分の将来のキャリアに大きな不安感を抱いていた時でした。その破天荒な生き方に圧倒されて「なんだ、こんなことぐらいで悩む必要がないじゃないか」と、その場その場で、壁に突き当たったときに解決していけばいいと思うにいたりました。これは後々まで心に残り、今でもまだ同じ気持ちを持っています。初めて読んだ時は、熱に浮かされたように、全三巻を読み切りました。皆さんはこの本をご存じないと思いますが、私にとっては強烈な力を与えてくれた本。これほど心に残る本はない。本を読むのは好きだがあまりに手あたり次第たくさん読み過ぎて、その他は、もう何がなんだかわからなくなっています。

▼座右の銘

これも特にありません。自分のことを楽観的悲観主義者と思っていますが、楽観的悲観主義が座右の銘とはいえないでしょう。先々のことは不確実だから、私たちは様々なリスクに直面して生きている。行動するとき、最悪どういうことが起こりうるか、その際どのような対応が可能かを考える。私は悲観的に、ネガティブな予測とリスクをいつも考えている。最悪の事態に耐えられそうであれば、あとはなるようになるさというのが楽観的悲観主義。誰にもいっていないけれど。

悲観的に物事を捉え、考えうるリスクを想定したうえで、楽観的に行動する。

▼ダイバーシティについて

必要かと問われれば必要に決まっているでしょうと言いたい。人との違いを許さない社会は、当然のことながら思いやりに欠けた社会だから。それと、画一的な社会では、何か起きたときに皆同じ様に行動する。何かショックがあったとき、すぐ大きく揺れる。だから多様性の少ない社会は脆い。多様性を認める寛容さがない社会は、いつか必ず滅びると確信しています。

今の日本社会で明らかになったことは、変化に対しての対応力が凄く弱いってこと。状況が安定しみんな同じ方向に行動して結果が出せるときは良いが、そうではなく、状況が常に不安定に揺れるときには、弱い社会。それが、今の日本の問題であり弱みではないでしょうか。

▼（追加質問）社会・企業における多様性が現在叫ばれている一方で「女性を入れたからといって別にパフォーマンス上がるわけではない」という反論もあるが、これについてはどう思うか

単に入れただけで効果があるかといえば、それはそうでしょう。効果を今すぐ求めろと言われても、それは無理。なぜかというと、そういう場に置かれたときにその役割をきちんと果たせるかどうかは、果たせるだけの条件が整っているかどうかという問題にかかってくるから。条件が整ってない状況の下で、ぽんっと責任ある立場や経験を要する立場に置かれたら、そりゃあ活躍できない。

だからまずは、女性が組織の中で能力を発揮し、活躍できる条件を社会でも企業でも整えなければいけないと思います。その条件を欠いているのに、「同じ機会を与えたのに女性はやらないんですよね」、「昇進させようとしても断ったりするんですよ」という言い方をする様な人がいます。女性の資質のせいにする。だから女性は組織の中で活躍できないと。

そうではなくて、女性が踏ん張って活躍できる条件を整えなければ、それは辞退もするだろうし、萎縮もする。あるいはプレッシャーに負けてしまうということもある。当然のこと。条件を整えるには、やはり時間かかりますからね。

最後に、この問題を考えるとき、企業や組織のパフォーマンスをどのように捉えるのかについて議論を深める必要があります。即効性を求めるのか、長期的な視点で評価するのか。短期的な利潤や生産性で測るのか、変化に対する組織の柔軟性や革新力でとらえるのか。組織のダイバーシティやジェンダー格差の問題は、それぞれの企業が何を目指しているのかを明確に示し、組織改編や企業戦略に組み込む必要があると思います。

3 チャンスを掴む！

資本市場のクロスボーダー案件に関わる国際派弁護士

木村《きむら》 明子《あきこ》 Akiko Kimura

弁護士
アンダーソン・毛利・友常法律事務所

兵庫県出身。1971年京都大学法学部卒業、1978年米国ハーバードロースクールでLL.M取得。1973年弁護士登録。西村小松友常法律事務所（現アンダーソン・毛利・友常法律事務所）に入所。1977年同法律事務所パートナーに就任。1979年ニューヨークのCravath, Swaine & Moore法律事務所勤務。ビジネス弁護士ランキング2009年投資銀行・ファンド部門1位。2011年にアンダーソン・毛利・友常法律事務所のパートナーを退任するまで、多数のクロスボーダーの証券発行案件を手掛け、M&Aその他企業法務に従事した。同法律事務所の顧問就任後は、複数社の社外取締役、社外監査役、公認会計士・監査審査会委員等を務めている。

▼資本市場に関する仕事

私は弁護士ですが、一般的な弁護士とはかなり異なり、主としてクロスボーダー案件、中でも資本市場に関わる案件を手掛けてきました。弁護士になり、数年のトレーニング期間を経て、そろそろ一人前の仕事をしようかという時期が日本のバブル期と重なっていました。この時期、日本企業は盛んに成長し、株価も右肩上がりに上昇していました。したがって、日本企業の間では事業拡大のための資金調達需要が旺盛でした。

資本市場での資金調達は、社債、株式、転換社債（新株予約権付社債）等の証券の発行によって行われます。当時、国内の資本市場での証券発行に係る実務は証券会社が手掛けていましたが、欧米の資本市場では、証券発行案件に弁護士が関与することが当然の慣行になっていました。そこで、日本企業が欧米の資本市場で証券発行する際には弁護士が必要ということになり、日本の弁護士が発行会社側と引受側に付くことになりました。

欧米の資本市場での証券発行に関する日本の弁護士の仕事には、引受契約、信託証書その他の契約書、会社法に基づく取締役会議事録、金商法に基づく届出書、報告書等及び証券取引所規則に基づくプレスリリースの作成、それにディスクロージャーのための目論見書の作成等、膨大な書類の作成並びに事実を検証するための関係者との会議が含まれます。目論見書には、発行会社の事業内容と財務内容、事業戦略と事業上のリスクに加え、販売する証券の内容、日本の関連法規の概要等を記載しなければなりません。

私は、日本企業が欧米市場で証券を発行する案件や海外と国内で同時に証券を発行するグローバルオファリング案件に加えて、外国の政府関係機関や民間企業が日本で債券を発行する、いわゆるサムライ債の発行等を広範囲に担当しました。

▼資本市場の仕事についた動機

１９８０年代後半は、日本のバブル期にあたり、日本企業による海外での資金調達や外国の発行体による日本市場での資金調達が盛んでした。したがって、私の場合、自ら選んだというより時代のニーズに応えて証券関係の仕事を引き受けるようになりました。

当時は日本のサラリーマンの労働時間は大変長く、働き方改革などは存在しませんでした。皆モーレツ社員で、依頼者も毎日夜中まで働いていました。弁護士が現役でフル稼働できる期間はある程度限られていますが、私が力いっぱい働ける期間がちょうど日本経済の最盛期と重なったことは私のキャリアにとって良かったと思います。

弁護士は自分の依頼者を持たないと一人前にはなれません。私は、弁護士になった当初、将来自分の依頼者を持てるのだろうかと非常に不安でした。関西の出身で東京になんのコネクションもなく、特に優れた能力も持っていないし、社交性も営業の才能もありません。したがって、唯一の取り柄である丈夫な身体をもってがむしゃらに働きました。そこで、たまたま資本市場関係の仕事をするようになり、その分野で私を信頼して継続的に案件を依頼してくれる依頼者に出会ったことで一人前の弁護士への道が開けました。

ある意味、今の若い女性弁護士のほうが大変だと思います。日本の弁護士業界は当時とは様変わりで、弁護士の数は大幅に増え、大手法律事務所の規模は何十倍にもなり、弁護士が依頼される仕事は多岐にわたっています。当然弁護士間の競争は激化しており、成功者は社会的にも経済的にも恵まれますが、成功する人は限られています。

▼市場環境の変化について

私は、バブル期とバブル崩壊期の両方を経験しました。日本企業が、株価の上昇を利用してこぞって海外で転換社債を発行し、手取金を設備投資に充当した時代は、今では見る影もありません。しかし、資本市場がなくなるわけではありません。どんな時代でも資金を必要とする企業は存在します。最近ではM&Aが盛んになって、そのための資金調達も増えています。

コロナ禍で日本の危機対応能力の弱さやデジタル能力の低さが顕在化しました。成熟期に入って久しい日本はいろいろな面で動脈硬化をきたしているようです。資本市場への投資も成長していません。日本には膨大な預金がありますが、日本人は、利子を生まなくなった銀行預金に今でもしがみついています。しかし、最近は、若年層を中心として資本市場への投資によって将来資産を積み立てる動きも盛んになりつつありますので、金融商品へのリテラシーを高めれば、資本市場を大きく成長させるポテンシャルは十分あると思います。

▼資本市場で起きた事象で印象的なこと

ブラックマンデー、リーマンショック、山一證券の破綻等大きな事件が起こるたびに景気が悪化し株価が下落し、それに伴って私の仕事も減った時期がありました。しかし、仕事がなくなって困ったという記憶はありません。弁護士業は、景気の良い時も悪い時もそれなりに仕事があるという点で比較的安定した業種です。

▼仕事を振り返って今だから思うこと

私は、長年にわたって能力に過ぎた案件をたくさん依頼され、その都度思い切って引き受けてなんとか処理してきましたので、弁護士になったことはまったく後悔していません。ただ、今思い返してみると、私が大学生だった頃は法学部卒の女性には就職先がありませんでした。私の卒業時には景気が良く、男子学生は一人でいくつもの会社からオファーを受けていましたが、私には女性だからという理由でまったくオファーがありませんでした。私が就職できる可能性があったのは、公務員と教師だけでした。どれも気が進まなかったので、仕方なく司法試験を受けました。つまり、女子学生にはほとんど選択の余地がない時代でした。

現在は女性活躍が推進される時代であり、女性に対して少なくとも門戸は開かれています。政治への参画や会社経営などまだまだですが、昔に比べれば女性にはいろいろな可能性があります。窮屈な日本を脱出して外国に行ってもいいのです。そういう意味で、今の女性は恵まれていると思います。

私には選択肢がなかったので、相当程度妥協もしました。安定した職業を持つために、いわゆる「良い学校」に入るべく努力しました。法学部に入ったのも、仕事を持つなら法学部のほうがつぶしが利くだろうと考えたため、積極的に「これがやりたい」という気持ちはありませんでした。

ただ、私は、自立したいという気持ちは強かったと思います。これは当時の女性としては比較的珍しかったかもしれませんが、母の影響のせいだったと思います。私は、子供の頃から、母に「主婦はつまらないから職業を持ちなさい」と言われ続けてきたので、この言葉を刷り込まれて、「職業を持って、自分の生活は自分で支えるべきだ」と考えるようになりました。それに、やがて結婚するかもしれないけれど、経済力がないために嫌になっても離婚できない状態は最悪だと考えていました。

それに、当時は就職先がほとんどなかったので、迷うこともなかったのはよかったかもしれません。今では、選択肢があり過ぎて何をすればいいのかわからないという難しさがあると思います。でも、たくさんある選択肢の中から自分が人生を賭けてやりたいことを選べるのは、恵まれた環境だと思います。若い女性達に対しては、日本の窮屈な慣習や偏見や空気に捕らわれず、「自分がどんな仕事をしてどのように生きていきたいのか」を自由に考えてくださいと申し上げます。

しかし、また一方、現在の女性達は昔より生きにくくなっている面もあります。私が若かった頃、ほとんどの女性は結婚すると主婦になりました。結婚後は家にいて、夫が持ち帰る給料を使って家事と子育てをすればよかったのです。現在では、夫の給料だけで子供に高度の教育を施すことは難しい。しかも終身雇用は保証されない時代になりましたから、将来が不安です。そこで、女性は結婚出産後も働き続けることになりました。しかし、このように環境が変わっても、夫が家事育児を分担することはあまり期待できません。そのうえ親の介護まで妻の負担になる場合もあります。したがって、妻は職場でフル稼働することができず、非正規労働者として低賃金に甘んじることになります。このように不安定な労働環境で働く多くの女性達がコロナ禍で仕事を失い、女性の自殺者が増えています。いつまでたってもこのように女性の社会的な地位の低い日本で若い女性達が怒り出さないのが不思議です。

▼女性だから得した・損したこと

これまで女性だからという理由で仕事を依頼されたことはありません。得したことといえば、当時は今のように女性がありふれている時代ではなかったので、会議に出席すれば目立って他の出席者が自分を憶えてくれるというメリットはありました。しかし、だからといって、それが仕事につながったことはありません。

逆に、デメリットはどうかと尋ねられると、デメリットはきっとあったと思いますが、正面切って、「あなたは女だからやめてください」と言われたことはありませんでした。もしかしたら、仕事を片付けた後で「やっぱり女は嫌だから」と次の依頼が来ないなどということはあったかもしれませんが、日本人は、一般的にそのようなことをはっきりいわないので、面と向かって不愉快な思いをしたことはありません。

ともかく働き盛りの頃は処理し切れないほど仕事があったので、女だから不利な立場に置かれていると感じたことはあまりありませんでした。トータルとして、女だから非常に損したことはないし、逆に大きく得したこともなかったといえます。

▼仕事で経験した最大の成功・失敗

仕事のうえで特に大きな失敗をした記憶はありません。ただ、小さい失敗はしょっちゅうありました。失敗した場合は、リカバリーが大切だと思います。失敗したことについてはもちろん反省する必要がありますが、きちんとリカバリー処理をすることによってかえって評価されることもあります。

仕事の中で私が大きなストレスを感じたのは、大規模案件で大企業を相手にしたときでした。大企業と法律事務所では規模がまったく違います。おまけに大企業の役員と法律事務所の細腕弁護士では力関係に差があり過ぎました。特に、証券発行案件でディスクロージャーに携わるときは苦労しました。証券の公募にあたって行われるディスクロージャーは、もともと米国の1933年証券法を基礎とするもので、発行会社は、事業戦略とそれに伴うリスクを始め、投資家が投資判断をするために必要なすべての重要情報を開示しなければなりません。発行会社としては、十分な開示を行うことによって、投資に伴う責任を投資家に負担させることができます。このような仕組みを編み出したアメリカ人は偉大だと思いますが、「臭

い物には蓋」を心情とする日本人には受け容れることが難しい仕組みでもあります。殊に、自社のリスクを開示することには抵抗が強く、質問することさえ嫌がられることもありました。日本では会議は突っ込んだ議論をする場ではないと思っている人が多いので、その場で発行会社の嫌がる事柄を持ち出すのは極めて困難で、できるだけ良心的に仕事をしたいと考えていた私にとってはストレスになりました。今振返ると、当時の私には相手を納得させて開示に応じさせるだけの説得力が不足していたように思います。

成功例というよりは私にとって大きな意義があった案件は、多国籍機関であるアフリカ開発銀行のサムライ債発行でした。コートジボワールまで出張して、イスラム教信者の担当者相手に苦労しましたが、その案件をなんとかやり遂げてから前途が開けたような気がします。

▼キャリアや仕事のために払った最大の犠牲

人生を通して仕事ばかりしてきたので、今になって時間の過ごし方に困っています。これから新たな趣味を持つのも難しい。だから、私の事務所の若い弁護士達には早くから趣味を持つように勧めています。

▼子供の頃の夢

私自身はもともと独り立ちしたいと思っていたので、そういう意味では自分が思っていたとおりになりました。しかし、今から考えてみれば、もっといろいろなことに手を出して、彩り豊かな楽しい生活を送るべきではなかったかとも思います。母は私にピアノの教師になってほしいと願っていたので、私は子供の頃からピアノを習わされました。でも、私は、数年間稽古を続けて自ら才能がないことを悟り、勉強のほうがましだと判断して、方向転換しました。

▼自信をなくしたときの立ち直り方

私は、弁護士になって最初の4年間、事務所でアソシエイトとして補助的な仕事をしました。その後司法研修所の留学生試験を受けて、ハーバードロースクールへの推薦を受けることができました。私はハーバードロースクールに留学した最初の日本人女性だったそうですが、日本ではハーバードは知名度が高いので、私がその後キャリアを積む上で助けになりました。

この留学を契機として私にも少し幸運が回ってきたようでしたが、それまでの4年間は自分にまったく自信が持てず不安ばかりでした。周りの弁護士達が皆とても優秀に見えて、自分は何もわからないし、我ながら頼りないと思っていました。おまけに、私は書類作りのような事務作業が苦手で、しょっちゅう間違っていました。その時どうしたかと訊かれても、別にどうしようもないので、ひたすら目の前の仕事を処理していたら次第になんとかなりました。もともとそれほど気にするタイプではないし、職業を変えるのもそう簡単ではありませんから、頑張っているうちに流れも変わったように思います。

弁護士として一人前になってからは、責任が重くストレスも多い生活でした。落ち込んだ時や深刻に考え込んだ時もありましたが、それを引きずって長期間悩むこともありませんでした。いつも目の前の仕事を片付けるのに精いっぱいで悩む暇がなかったせいかもしれません。

▼学生時代の自分に教えてあげたいこと

学生時代の自分は、あまりに消去法的で積極性に欠ける判断をしてしまったと思います。当時でも、よく考えればいろいろな将来設計があったのではないかと思います。しかし、もう一度学生時代に立ち戻っても、結局同じ選択をしてしまうのではないかという気もします。

▼これからやりたいこと

私は観劇や音楽鑑賞が好きですが、弁護士として現役の時代にはそれらを楽しむ余裕がありませんでした。事務所のパートナーを退任してからせっせと芝居やコンサートに出かけるようになりましたが、コロナのせいで行けなくなってしまいました。できれば女性のための社会活動に従事したいと思いますが、年をとり過ぎてしまったでしょうか。

▼憧れ、尊敬する人

私が若かった頃には、同じ業界でロールモデルになるような女性弁護士はいませんでした。弁護士の中には大変優秀で尊敬できる人物もいましたが、「憧れる」という感じではありませんでした。結局いつも一人で考えながら手探りで進んできたような気がします。

▼人生に影響を与えた書籍、映画、舞台など（何か一つ）

私は映画も好きですが、「人生に影響を与えた一本」と言われても、すぐには思いつきません。なぜなら、私が好きな映画は、映画通でなければ知らないような耽美的または浪漫的なマイナー作品が多くて、「人生に影響を与えた」という感じではないからです。社会性があって知名度の高い作品ならば、米国の『ディア・ハンター』、イタリアの『地獄に堕ちた勇者ども』、中国の『覇王別姫』を挙げます。それぞれに大作で、大きな感銘を受けました。

▼座右の銘

座右の銘はありません。

▼ダイバーシティについて

日本社会には多様性がなさ過ぎます。日本人は、外見が似ているうえに考え方も大同小異です。「空気を読む」こと、すなわち周囲の人達の意見に合わせることが暗黙の裡に要求されます。しかし、周囲の人達の意見を忖度ばかりしていると、結局自力で考えることができなくなってしまいます。特に若い人達の間にこのような風潮があることは残念に思います。

日本は「女性活躍」劣等国で、政治も経済もすべて男性が支配していますから、男性の意見に同調する

ことが要求されます。しかし、世界に目を転じれば、コロナ対策にしても社会保障にしても、女性がリーダーになっている国のほうが上手くいっているし、国民の幸福度も高いようです。これに対して、男性社会の考え方は行き詰まっているように見えます。

日本は、もっと真剣にダイバーシティを推進して、社会から息苦しさを取り除き、柔軟な考え方を受け容れるようにしないと、衰退の一途をたどることになると思います。

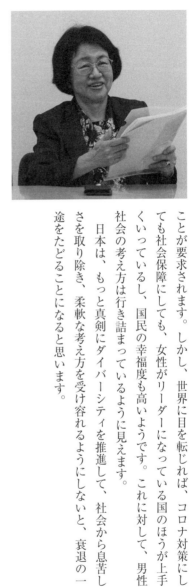

4 清く正しく美しく、そして強く！

日本のＩＲ業界のパイオニア

岩田《いわた》 宣子《よしこ》 Yoshiko Iwata

ジェイ・ユーラス・アイアール株式会社
代表取締役

東京都世田谷区出身。私立晃華学園小学校卒業、桜蔭中学・桜蔭高校卒業。慶応大学経済学部卒業。バンクオブアメリカ東京支店入行。20代最後の年に役職を得る。1992年、IR業界へ。外資系IR会社にて、日本韓国担当ヘッドなどを歴任後、独立。IRとコーポレートガバナンスのコンサルティング会社、ジェイ・ユーラス・アイアール（株）を設立．同社代表取締役。海外IR、株主判明調査、プロクシーファイト支援、取締役会評価を主に行う。現在、3社の社外取締役に就任。2016年京都大学博士（経済学）。主な論文・著述：「欧米に遅れる日本企業の資金調達」（ハーバード・ビジネス・レビュー1992年)、2001年東洋経済新報社『投資家・アナリストの共感をよぶＩＲ』（共著）、東証マザーズメールマガジンにて「ＩＲ基礎編」。2015年『コーポレートガバナンス・コードのＩＲ対応』（中央経済社）。2017年より商事法務「取締役会評価の現状分析と今後の課題」（共著）を六回執筆。

▼資本市場に関する仕事

大学卒業後、米系銀行の東京支店にて、外国為替、融資、さらにALM分析、リスク管理計画など多岐にわたる業務を経験しました。その後、米系大手カード会社に入社。当カードの国内におけるシェア拡大、さらに世界に先駆けての国内決済センターの立ち上げ、ICカード実験に参加しました。

1992年からIR業界でのキャリアを開始し、1994年12月米国IRコンサルティング会社であるテクニメトリックス（現、トムソン・ファイナンシャル）の東京支社開設に伴い、同社に入社しました。そこで、市場を意識したIR活動を日本で初めて提案し、同社を退社するまで、日本・韓国担当シニア・ディレクターを務めました。同社で担当した企業数は100社を越え、現在IR先進企業と呼ばれているほとんどの企業を顧客としました。

その後、同社の日本企業チームの有志で、日系初のグローバル・IRコンサルティング会社、ジェイ・ユーラス・アイアール株式会社を設立。これまでの経験を活かし、上場企業のみならず新興企業や上場前企業に対して、日本に軸足を置いた本格的なIRコンサルティングビジネスを展開しています。

▼資本市場の仕事についた動機

私が大学を卒業して就職する際には、大学生の女性に対して就職の面接もなかなかしてもらえないという時代でした。例えば住友商事は文学部に限る、というような状況でした。その中で、「堅い職業」に就いたほうが親が安心するだろうと思いまして、また学部が経済学部でしたので銀行を選択しました。当時、日本の銀行で大卒女性を公募していたのが三和銀行と東京銀行のみでした。そこで三和銀行と、学生時代サンフランシスコに留学していたこともありなじみのあった外資のバンカメ、バンク・オブ・アメリカを受けました。

結果的にバンカメを選ぶのですが、三和銀行を選択しなかった理由は、①日本の銀行はあまりおもしろくなさそうという印象、②三和銀行の入社試験が、カタカナの文章を速読する、という少々驚く内容のテストだったこと、です。「○○支店、預貯金者の名前、○○○○子、3か月定期」といった内容がカタカナで書かれたものをさっと読み取る力を試す、そのような試験で、私は、それ得意だったみたいなんです。それで三和銀行から内定をいただきました。バンカメのほうがグローバルな感じで広がるようで、また、外資ということで、男女差別がないのでは、また、親が安心するだろう銀行という堅い職業と、自分がやりたいと思う仕事が一致するのはバンカメかなと思って、バンカメに入りました。

ところが、バンカメに入りましたら、確かに日本の企業より進んでいて、すでに、総合職と一般職があり、私は一般職の採用で内定をもらったということに気が付きました。4人男性と女性二人が総合職で選ばれていました。その女性の二人はできる子だなと思ったので、まあしょうがないかと思ったんですけど、男子については「どうしてこの人が総合職で私が一般職なのか」とショックでした。

銀行ですから一般的な事務の仕事があります。下積みの仕事が多かったんですが、念願かなって外為のディーリングルームに入ったんですね。ここのところから本格的な資本市場と関わりが始まったのかもしれないです。最初は下っ端の仕事で、ポジションクラークという仕事でした。在日支店全体のドルの持ち高や円の持ち高を調整して、過不足があったら日銀から借りたり、また、一人ひとりのディーラーのポジションの枠のチェックする仕事でした。ディーラーから、ドルの売買について「今あと枠どれくらい?」と刻々と変化する市場を感じることができる仕事で、毎日がすごく楽しかったです。自分の人生はここだと思いました。

▼現在の市場環境の変化について

あまり変わっていないという印象です。上場前に未公開株式を入手し、公開と同時に売るということで銀行が利益を得たことがありました。アメリカの本店からこの利益はなんだと問題視されました。私にはその指摘、すごく新鮮でした。日本で当たり前にやっていることが、本店から見たら、たとえ利益を出してもおかしいということなんです。このように、利益の質を重視するという姿勢は、日本はいまだ欠如しているかもしれませんね。そういう意味であまり変わっていないですね。

▼資本市場で起きた事象で印象的だったこと

リーマンショックでしょうか。前年のサブプライムローン破綻の時に、まさに海外IRをしてたので、投資家がそわそわしだしたのを覚えています。でもあの時は、まだみんな不吉な予感をしながら、漠然とした不安を感じていたという印象でした。

それからアベノミクス、私の場合はスチュワードシップ・コードとコーポレートガバナンス・コードが重要ですよね。両コードが日本に導入される日がくるとは思っていませんでした。90年代に、カルパースがものをいってた時に、「黒船が来た！」と言われました。その時にカルパースのクリスト理事長と経団連で講演しました。その後、ある方に、「君、こういう考え方をわが国に持ってこられたら困る」と言われたことがありました。この頃から比べると日本もずいぶん変わりましたね。

仕事を振り返って今だから思うこと

職場でいじめられたことがありましたね。足を引っ張られるというか、それは振り返ると自分が甘かったと思います。例えば、机の上に資料を出しっぱなしにしてお昼に行っちゃう。そうすると、それをチェックする人がいたとかね。当時は他人のジェラシーという気持ちをまったく理解していなかったので、それに対して、なぜと考えたり、悲しんだり。それはすごく時間の無駄ということが、今はわかります。よく考えれば自分の仕事ぶりに隙があったからですよね。でもあの時それを経験してなかったら、いまだに隙だらけの仕事をしてたかもしれないですので、今はとてもよい経験をしたと思っています。

女性だから得した・損したこと

損したことと言いますか、困惑したのは「いつ辞めるの？」と何度も聞かれたこと。また、自分は女だから女性らしさをアピールしてきたという人もいるかもしれませんが、私にはそういう感覚もなかったで

す。

得したことは、やはり、子供がいたことで、考え方に余裕ができたというか画一的な考え方をしなくなったというか。また、子供ができて離婚したものですから、親に言わせると、孫を連れて帰ってきてくれたのは最高のプレゼントだと。だから、離婚もそんなに劣等感に思わずに楽しい家族っていうのができたんで、それはよかったです。

私は、そのような意味で、もう一人子供を産んで育てたかったと今、思います。最近可能になった特別養子縁組が当時あれば真剣に考えていたと思います。子供の成長は、見ていてほんとうに勉強になる、とてもいいですよね、いつもにぎやかでぎゃあぎゃあいって大変ですが、銀行の時なんか、関係省庁やFRBからの監査があったりで、24時間働いてるような状況でしたが本当に娘に励まされものでした。ただし、酔っぱらって帰ってきても、娘は、「ママは仕事が大変だから、あんなふうに騒いでるんだ」と言ってくれて。ただ酔っぱらっていたんですけれど。

▼仕事で経験した最大の成功（誇り）・失敗（挫折）

最近のうれしかったことは、当社が経団連に入ったことですね。

誇りといえば、カルパースのクリストさんと1週間IR関連で日本企業を回りました。その時日本企業には、新種の総会屋が来たというような感じで受け取られましたが、とても有意義で楽しかった思い出があります。

最初の挫折に近い感覚は、結婚して子供が生まれた時です。私は、24歳で結婚して25歳で子供を産みましたが、結婚の時に、「いつ辞めるんですか」って言われて、子供ができたらまた「いつ辞めるんですか」、子供を産んだらまた、「いつ辞めるんですか」と聞かれました。常にいつ辞めるんですかっていう質問をされて、それは本当に悔しかったです。

出産してからチャンスも来ました。ディーリングルームで念願のディーラーの仕事をいただけたのです。スワップのディーラーで、担当はオーバーナイトディールの仕事です。それは本当にうれしかったです。ところがその仕事に就いたのは子供を産んでから4週間後ぐらいだったので、授乳や産後の体力の回復の問題、それに持ち前の運動神経の無さで、頭と身体の瞬時の動きがうまく機能しませんでした。

為替のディーラーは時に「オールマイン！」と叫びこれでマーケットの流れがガラッと変わる。ディーリングの仕事はそのような状態でしたので、私にはできなかったのです。それですごい挫折を味わいました。その後、国内の支店の各バランスシートを見る仕事をディーリングルームの中で任せられました。それは尊敬するある女性の仕事を引き継いだということもあり、大興奮で一生懸命やりました。ただ4年もディーリングルームにいたので、そろそろ変わるべきじゃないかっていうことで、貸付け部門に行くことになりました。忘れもしないプラザ合意の9月22日の週の終わりに、私はディーリングルームを去ることになりました。その時は悲しくて一人で泣きました。プラザ合意等の事象は、ディーリングルームのみんなで立ち上がるような瞬間なんですね。こういう瞬間に私はもういられないんだと思ったら、悲しくなってしまったのです。

悲しいことの次には楽しいことも来て、貸付け業務も楽しかったです。当時バンカメが新しいことにいっぱいチャレンジしていました。例えば債権の流動化など、まだ日本の銀行が行っていなかった仕事をさせてもらいました。その契約を出光興産と行いました。契約書を考えたり、それを本店に報告したり、どういうリスクがあるのかといったことを考えたり、下っ端でしたけどそれはそれですごい楽しかったです。後で大蔵省からそんなことをするなと怒られましたが、下っ端なりに、その後の自分の勉強に役に立つようなことをたくさんやらせてもらえてとても感謝してます。また、若手の女性として、スーパーバイザーという役職に就くことができました。20代最後の時でした。結局、銀行では、部長職まで行き、若手の女性の中で先頭を走ることができました。

一方、失敗だらけだから、悔しかったことならいっぱいありますよね。でもすぐ忘れちゃう。

そうしないとやっていけないことばかりなんです。90年代には、「IRなんて日本に定着するわけがない」、「君のいっているIRはきれい事だ」って言われたことも多々ありました。そういっていた人の中には、1週間後に企業不正が明るみに出て刑務所に入ってしまったということもありました。そのようなことの連続でした。

最近では、企業の中にIRのポジションはできましたがいまだ地位は高くない、日本企業の取締役会との関係も全然リンクしてないことが問題だと思います。でもニューノーマルの時代になったので、変わることでしょう。アメリカの企業は経営陣からＩＲに歩み寄っています。日本もそうなることを期待しています。

私はある不正問題を起こした当時ガバナンス先進企業といわれていた企業に取締役会評価（ＣＧコードでも要請されている取締役メンバーによる取締役会についての実効性評価のこと）についてマーケティングに行ったことがあります。「取締役会評価？　そんなスタンダード・アンド・プアーズじゃあるまいし、誰が評価するんだ。うちは完璧なガバナンス体制を敷いているんだから、他に何をやることがあるんだ」と言われました。その時、思わず、「では、魂を入れてください」って言ってしまいました。

▼キャリアや仕事のために払った最大の犠牲

仕事で子供と一緒の時間をとれない、あるいは子供を保育園に預けるということは犠牲だと思いますか？

娘は、「ママは本当にうざかった」って言っています。振り向くといつもママがいるからと言っています。そんなに私、あなたに時間を費やしてたかしらと思います。費やしていなかったのですが、一緒にいた時間が濃かったのではと思います。例えば寝る時に、「本読んで」って、数十分しか一緒にいられないから一生懸命読みますが、私は疲れて寝てしまって。そうすると娘が起こす、という毎日でした。時間は長くなかったけど、それなりには充実していたと思います。

▼（追加質問）自分とは異なる生き方をしている女性たちに接するときに意識していること

うちのオフィスはダイバーシティなんですね、女性しかいないから、ダイバーシティではないと言われるのですが、そうではない。私のように結婚して離婚して子供がいる人、結婚して子供がいない人、それから結婚して子供が二人いる人とか、まさに人生のダイバーシティなんですよ。いろんなタイプの女性の生き方があると思います。いろいろな生き方に尊敬できます。

弊社は、男女、別に全然こだわってないのですが、男性が入らないだけです。IRは新しい仕事で、英語も話せて読めてっていうと、応募する男性は今のところいないのです。

▼子供の頃の夢

幼稚園の時、私はピアニストになりたかったんですね。幼稚園入る前、おもちゃのピアノを弾いて、音符も自分で読めるようになって、そしたら母がうるさいって。娘にとって母親との関係っていろいろありますよね。

小学校1年生の時、『鉄腕アトム』の中で、天馬博士が、正義のため社会のために活躍している鉄腕アトムをつくったのを見て、私はとても感動しました。母に、「大きくなったら科学者になってロボットをつくるんだ」って言いました。すると、母は1分間、私の顔をじっと見て、「お前はばかだね、あれはマンガなんだよ。こんなばかな子だと思わなかった」って言われて、私は科学者の道に進まなかったのです。母は非常に現実的な専業主婦でした。

中3の時にニクソンショックがありました。その時の社会の先生がすごくいい授業をしてくれて、今の自分の道を歩むきっかけとなりました。他のクラスメートで弁護士になった人がいますが、自分もあの時弁護士になろうと決めたと言っています。たくさんそういう人はいたみたいですね。母親は教育ママでしたが、中3の時の先生の影響も受けて、その真ん中を歩んできた感じです。

私は料理やお裁縫という家庭的なことが苦手なんですね。それを反省して、母は私の娘に料理をいっぱい教えてくれたみたい。

父はいつも冗談しか言わない人でとてもおもしろいエピソードがあります。父がある時、「今度、成績が良くなったら帝国ホテルのグリルに連れて行ってあげる」って。よし、頑張ろうって頑張るじゃない？それで成績が上がったと報告したら、父は、「よし！」って言って帝国ホテルの「ぐるり」に連れてってくれた。「ぐるり」、すなわち、ガード下。「グリルっていったのに」って文句を言うと、「ぐるりっていったんだ」。そういうおかしな父親でした。

▼自信をなくしたときの立ち直り方

わからないです。忘れることにする。お酒飲んで忘れてしまいます。子供がいたからすぐ忘れることができたのかな。子供に八つ当たりするわけにいかないし。

▼学生時代の自分に教えてあげたいこと

どんな勉強も経験も、無駄なことはないということです。できましたら、勉強はすればするほど良いですね。私は、弊社の同僚の高山が頭脳を使い、私はどちらかというと感覚、第六感を大切にするというコンビで仕事をしてきたのですが、この第六感というのも考えてみますと過去の知識、勉強、知恵の上に成り立っているのですよね。ですから、勉強はすればするほど損をすることはないと言いたいです。

▼（追加質問）ビジネススクールなどでIRを教えている意図は何ですか？

経営にとってIRは重要であるということがなかなか認知されません。このことを言い続けていますが、残念ながら、いまだ道半ばです。ビジネススクールを通して、経営の予備軍に伝える最後のチャンスかなと思っています。現状では、アニュアルレポートや統合報告書を書くのはどうしたらいいですかとか、決算説明会のアレンジはどうしたらいいですかぐらいの質問しか来ないんですね。ツールではなく経営やガバナンスとの関連でIRを伝えたいです。

▼これからやりたいこと・夢

IR活動によって日本企業のグローバルでのプレゼンスを上げたいですよね。

▼憧れ・尊敬する人

私の趣味は、ミュージカル鑑賞です。その中でも、宝塚歌劇を長く鑑賞しています。歌劇団の生徒さんや劇団の方とお話しする機会も多いのですが、劇団の中は、すごく厳しい競争社会といえます。そのような中で、一人ひとりが芸事と前向きに向き合い、悔しい気持ちや辛いこともあるでしょうが、一つの作品を最高のものにつくりあげようとする真摯な気持ちにいつも心を打たれ、また、頭も下がります。私にとっては、憧れ、尊敬する人たちといえます。

▼人生に影響を与えた書籍・映画・舞台

『ベルサイユのばら』（池田理代子作）でしょうか。女性が政治や社会を意識して頑張っているところが好きです。また、オスカルが荒くれども の衛兵隊にいう言葉がとてもいいんです。『そんなに女、女というな。うれしくなってしまうではないか』という言葉です。実は、まさにこのことをある女性蔑視の方がいらっしゃるプライベートな会合で、この気持ちになるという経験を最近しました。

書籍については、ジェフリー・アーチャーの『ケインとアベル』です。また、その続編である「ロスノフスキ家の娘」も刺激を受けました。米国初の女性大統領の話で、私は英語で原作も読むほど感動しました。また『キャリアウーマン』っていう本があります（マーガレット・ヘニッグ及びアン・ジャーディム著）。それは女性が活躍するためには男性のルールに従わなくてはならない、男性化しなくてはならないという本ですが、ある意味で影響を受けました。今はそういう時代ではないですが。

▼座右の銘

清く正しく美しく、そして強く。

▼資本市場にダイバーシティ（多様性）は必要ですか？

必要です。なぜならば、これからはいろんな考え方が必要で、組織が画一的な考え方の基では、もう成り立っていかないと思います、社会全体でそうなるでしょう。そう、すべて。いろんなリスクを考えるために、多様性のある考え方が必要です。

また先ほどのプライベートの会合の話ですが、私がその代表をしている時に、ある小さな指摘がありました。私としては他にもっと重要な課題があったので、その問題の優先順位を下げました。その後その優先順位の判断は、大局的なものの見方だけで行ったと反省しました。

たとえ細部の意見でも、様々な考え方が重要なのだからと、改めて気づきました。こういったことがダイバーシティ多様性の考え方なんです。今後の社会には必要不可欠だと思います。

今回のコロナの対策で、ニュージーランドの首相とか女性の首相のところはみんな成功していますね。なぜ成功したのか、こうした意思決定をしたのかをきちんと整理する必要がありますね。

5 潜在意識が私をエジンバラに導いた

「天職」を得たファンドマネージャー

ハーディ 智砂子《ちさこ》 Chisako Hardie

AXA Investment Managers

シニア・ポートフォリオ・マネージャー

東京都出身。雙葉中学、雙葉高校卒業。慶應義塾大学文学部社会心理教育学科社会学専攻卒業。

東京、ロンドンにて貿易商社勤務を経て、スコットランドの中堅生命保険会スコティッシュ·プロヴィデントにトレイニー・アナリストとして就職。以降、スコティッシュ·ライフ、マーティン・カリー、スコティッシュ·ウィドウズにて日本株投資担当を歴任。

2006年より、フランスの大手保険グループAXAの投資運用会社アクサ・インベストメント・マネージャーズにて日本株アクティブ投資の責任者。公益社団法人日本証券アナリスト協会認定アナリスト。

著書に『古き佳きエジンバラから新しい日本が見える』（2019年講談社プラスα新書）

▼資本市場に関する仕事

ざっと振り返ると、初めから一貫して日本株ファンドの運用に関わってきました。その責任の重さは、最初は何をすればいいのかわからないぐらいで、本当に知識ゼロからのスタートで、アシスタントから始まりました。トレーニーの段階から始めて、上司からこの業界についてこういうことを調べてみてなど、そこからの始まりでした。

その後、アシスタントマネージャーを経て、ある時から自分の責任で運用するファンドを任せられ、リードマネージャーになり、それからこの仕事を何年もしています。今の仕事だと、自分の責任で運用しているファンドがメインですが、いろいろな日本の企業と接触があるため、他のファンドマネージャーが運用している、今かなり人気が高いグローバルテーマファンドなどにも投資アイデアを提供しています。

例えば、グローバル・テクノロジーファンドやグローバル・クリーンエネルギーファンド、また長寿社会になってきたことで、グローバル・ロンジェビティファンドなど、世界的な長期トレンドをテーマにしたファンドなどがいろいろ出てきているため、そういうファンドでも投資できるような日本株があった場合に紹介することも、大きな役割になっています。

私が特にフォーカスしているのは中小型株です。トヨタやソニーといった、大企業ではなく、新興のまだ比較的サイズの小さい企業への投資がもともと主な私の専門でしたが、今の会社に入ってから日本株担当者が私一人になってしまうなどと様々な経緯があって全体をカバーしていました。最近、また新しく大変優秀な人が入ってきて、私としては元の中小型の専門家に戻ろうとしているという感じです。

大型株も小型株も私一人で全部担当するのは非常に難しくつらかった。最近、私が前に別の会社で一緒に仕事をしていたことがある、元同僚を採って、彼に主にトヨタなど、大きなグローバル企業を担当してもらうようになりました。だから私としては、今は小さくても今後何十倍にも成長しそうな企業を見つけて投資する、さらにそれを他のファンドの担当者にも紹介する。これが主な役割です。あと、グローバル・スモールカンパニーファンドをパリで運用しているため、このファンドの運用チームとのコミュニケーションも多いですね。

▼資本市場の仕事についた動機

はじめは、87年から90年まで、ロンドンの輸出入商社で働いていたのですが、スコットランド人でエジンバラ在住の人物と結婚しエジンバラに移り住むことになりました。ちょうどその時、日本ではバブルが崩壊した頃でした。エジンバラに移住して就職活動を始めたが、何からやればいいのかわからなかったので、当時ロンドンで証券会社に勤めていた大学時代の先輩に話を聞いたところ、「エジンバラはヨーロッパの金融センターの一つであり、たくさんの老舗金融機関があるから、履歴書をそうしたところに送ってみたら関心を持ってくれるのでは」とアドバイスを受けました。

そこで、10社ほど履歴書を添えた手紙を送ったところ三つの金融関係の会社から面接をしたいとの連絡を受け、面接した3社すべてからオファーをいただいて、結果的にスコットランドの中堅生命保険会社、スコティッシュ・プロヴィデントに入社しました。

英国に来たのもファンドマネージャーとして働きたいという明確な意思があったからではなく、そもそもファンドマネージャーという職があることさえ知りませんでした。

エジンバラで働きつつ、女の子一人と男の子一人ずつに恵まれましたが、1993年に娘を生んだ直後に勤め先をリストラされ失業保険を貰っていた時期もありました。乳飲み子を抱いて郵便局の窓口にわずかな手当てを貰うために並んだ時は、さすがに悲しかったです。最初はひたすら生活費を稼ぐために夢中で働いて、夢中で子供を育てていたのですが、ある時からファンドマネージャーが自分の天職だと確信するようになりました。

▼市場環境の変化について

私のキャリアの最初の半分ぐらいは、情報のルートとしての証券会社の役割がものすごく大きかった。ほとんどの企業情報は証券会社から来るもので、証券会社のアナリストが書くレポートを読んだり、毎朝、証券会社の営業の人が顧客に電話して、今日のニュースやコーポレートアナウンスメントがあったことを、5分か10分ぐらい、機関銃のようにバーっと言う。私などは、その頃、英語でそれをやられても、呆然として「はい、はい」とかいって聞いていたような記憶があります。これ言われたからって、どうなのでしょうって。どういうふうにこの情報を使うのかなぐらいで、よくわかりませんでした。

今は、本当にやり方が変わって、投資家も直に企業から情報を得ることができるようになりました。だから、証券会社の営業マンの役割というのは、かつてに比べれば小さくなりました。もちろん、ある程度頼りにするファンドマネージャーもいるとは思いますが、私の場合は、あまり証券会社のセールスマンと話をすることがなくなった。ミーティングアレンジなどでメールのやりとりをするぐらいです。もちろん、証券会社所属のアナリストのレポートも、もちろん読むし、実際、大いに頼りにさせていただいているアナリストは何人もいる。例えば、バイオテクノロジーなどに関しては自分だけでの判断は非常に困難なので専門家の意見を聞くことが大事です。また、私が注力している小型株は非常に数が多いので、証券会社で小型株を担当されているアナリストから私がまだ知らない企業について教えてもらうのは重要です。が、やはり基本的な仕事のやり方として、企業の経営者あるいはＩＲの方と直にお話しすることが、一番大事なポイントになっています。この点がキャリアの最初と今とで、本当に別世界。仕事のやり方が全然違う、世界が変わりました。

思い出すのは２００１年のエンロンの破綻。これは衝撃的事件でした。エネルギー産業の大スターだったエンロン社の巨額の粉飾決算が発覚。超一流の監査法人であったはずのアーサー・アンダーセンが翌年解散に追い込まれた。証券市場の信頼も大いに揺らいだ。エンロンが破綻する直前まで〈買い推奨〉をしていた有力アナリストがいて大騒ぎになっていました。かつて証券会社は、トレーディング部門が主流であり、リサーチはおまけみたいなもので顧客サービスとしてやっていたから、内容にややバイアスがかかっていたかもしれません。リサーチとトレードが一緒になっていて、投資家側は何に対してお金を払っているのかが明確ではなかった。その影響で今、特に英国ではものすごく厳格になっています。

現在は、情報に関して「このアナリストからの情報をもらうことに関してこれを払っています」という風に明確になり、トレーディング部門とはまったく分離されている。このように、本当に環境が激変しています。

また、IRのことで昔を思い出すと、当時は、IRの方と直接コミュニケーションすることが、ものすごく大事だという意識があまりありませんでした。今は、企業のIRと投資家、この関係がメインになり、ここここそが、当時と今とを比べて、私が働いている環境で激変したポイントです。タイムリーなコミュニケーションができない会社には投資しにくい。何か心配なときにIRの方にちょっと電話できるような会社は、やはり安心感がある。そうすると、投資につながると思います。

業績は当然、成長企業であってもある程度波があるが、業績が悪くても明確な理由がわかっていれば売ろうとは思わない。企業とのコミュニケーションができていることが重要です。発表された数字だけに反応して売る投資家が多いので、数字が弱いと株価が下がることが多い。一時的な要因で株価が下がっているときは買い場であることが多く、コミュニケーションはすごく大事な部分だと思います。

▼資本市場で起きた事象で印象的なこと

私自身が影響を受けたわけではありませんが、すごくビジュアル的に印象的な出来事というのが、1997年の山一證券の自主廃業です。山一證券も当時はお付き合いがあって、毎日、営業の方とお話していたので、割と身近な存在でした。その自主廃業の時の社長の号泣会見はショックだった。こちらのニュースでも繰り返しその画像を流して、社長の会見をTVで見ていて私も泣きました。

欧米人は、本当にびっくりしたと思います。社員のことを本当に気遣っていて、会社は本当にこの人の人生そのものなのだと、私は思った。だから、西洋的には、会見という公の場で社長がこういう風に大泣きするのは、どうなのかと思った人がいるかもしれないが、私は感動しました。最後まで社員のことを社長が気遣って。そのことを、私が新たに思い出したのが、2008年のリーマン・ショックといわれている金融危機と翌年の2009年です。この年、地元のロイヤル・バンク・オブ・スコットランドが国有化されました。経営困難に陥り、公的資金が導入されました。その時のCEOの態度が、いけしゃあしゃあとしていて本当に最後まで憎たらしかった。この場合、この人の失敗なのは明らかなのに。

そもそもロイヤル・バンク・オブ・スコットランドは、すごく優良な、いわば、スコットランドの地銀でした。このCEOは、一地銀に過ぎなかったこの銀行を、国際的なグローバルバンクに育て上げた功績とやらで、女王陛下からナイトの称号を授与され、サー・フレッドと呼ばれて得意になっていたが、実は優良な地銀だったのを、すごくリスキーなグローバルバンクにしてしまったということです。結果、同行を経営困難に陥れたのですが、最後まで不遜な態度で、自分の年金のことを一番心配していました。議会でこの銀行の国有化の話合いが何時間も続いたのですが、実は最後の数時間はこの人の一番の関心事であった自身の年金の権利がどうなるかの話に費やされたと聞きました。私はその時に山一證券の社長の号泣会見のことを思い出して、日本人は素晴らしいなと思いました。

それと同時に、リーマン・ショックの時、株価が一日で8%も下がっていて、会社に行けなかったというか、ショックで起きられなくなってしまったことがありました。ニュースを見て、もう駄目だと布団をかぶって、同僚に「今日は私、起きられません」とメッセージを送った。今だったら、そんなリアクションはしないと思います。なぜなら、下がったら、いずれは上がるから。今では結構下がっているなという時は、これまで買いたくても、ちょっと割高で手が出ないなと思って買えなかったものを買う良いチャンスになることが多いということを学んだので、一緒に下がっているかなとか、まずは冷静にチェックしています。

経験が長くなって、大事なのは長期パフォーマンスだということに気が付きました。暴落したその時は、後で振り返ってみると必ずそこが買い場だった。当時はなぜパニックになったのかと思います。保有している銘柄が暴落した時は何もしないのが本当はよい。これが基本。もちろん、個別の株価が下がっていて、それの理由が経営者の質に大きな疑問符が付くようなものであるケースなど、損を出しても売らなければならないこともある。ファンドに大きな売り注文が入ってしまったような場合は売りたくなくても売らないといけない場合もあるので、その時は仕方がない。

▼仕事を振り返って今だから思うこと

この質問もおもしろいなと思い、どういうことがあるかなと考えたら、一つ思い浮かびました。この数年で、すごく考え方が変わったことがはっきりとある。以前は経験とか知識が一番大事だと、当たり前のように信じていたため、自分よりずっと若い人や若いアナリスト、証券会社の人でも新人みたいな人などを、あまり担当者に付けてほしくなかった。私と同じぐらいか、上の世代、あるいは経験の長さがある人がよかった。私自身が、結構遅くスタートしているので、私より若くてもいいが、私よりも経験のある人を、証券会社の担当者に付けてください、アナリストとして頼りにするなら私よりも詳しい人がいいと、当たり前のようにいっていました。しかし、この10年くらいで、これは違うなと、思い始めました。一概に経験が長い方がいいとはいえないなと。経験はもちろん大事で、これを軽視する意図はありません。しかし、経験が長いが故に、新しい角度から見られなくなっているということが、今の世の中ものすごくたくさんある。進歩は、昨日の延長にあるのではなくディスラプションによって起きるため、むしろ経験も知識もたくさんないほうがいい場合も実は多い。若くて地頭のいいような人、そんなに経験はないが、そういう人の話をむしろ聞きたいという風に、自分が変わってきたのをはっきり感じます。これを意識している。これが一番変わったところだと今思います。

これは、最後のダイバーシティにも関わってくることだと思います。自分よりはるかに若い、自分の子供ぐらいの世代の人と話をして、なるほどと思うことが非常に多い。今、日本人でも、30代半ばぐらいの人など、自分が舌を巻くような優秀な人が多く、こういう人のお話を聞くほうが、楽しみというか、役に立つと感じます。かつては、経験と知識が、仕事でも生きて行くうえでも一番尊いものって思い込んでいたのに。

▼女性だから得した・損したこと

損したことは、いくらでもある。日本では女性の社会進出が遅れているなど、いろいろ言われていて「日本では」と言われてしまう。でも実際にこの業界に関しては、ヨーロッパでも、現在の私の勤め先AXAでは比較的多くの女性が重要なポジションについていますが、やはり男性のほうがずっと多い。私がかつて勤めていた会社では、本当に昔ながらのボーイズカルチャーというか男性優位であった。そういう会社に勤めていた時は、本当に辛かった。そういうのは、女性だから損したことになるのかなと思います。

しかし、これは、露骨に差別されているとか、そういうことではなくて、これもダイバーシティに関わると思うが、大半は男ばかりの中、私の場合は特に外国人で、英語がネイティブランゲージではないというのも大きいと思っています。当時の私は、むしろそっちのほうを気にしていた。社内でいろいろなディスカッションの機会があると、私は本当にいるだけで辛かった。若い人もみんないろんな意見を出したりするのに、私は本当にいるだけだった。そういう時が本当に辛かった。

ある時、人事のヘッドがちょうど女性で、親しくさせていただいていたので、その人の所に行って「私、最近会議が辛くて仕方がない。私は英語がネーティブじゃないから」などと言い始めたら、彼女が「それ、あなたが外国人だからじゃなくて女性だからですよ」と言われた。「それ、あなただけじゃなくて、英国人の女性のファンドマネージャーも、みんな私のところに同じこと言いに来ています」というお話をしてくれた。だから「それはいいのよ、それは」などとその人はいった。「男の人の会議は何かを決定するためのミーティングじゃない。ディスカッションで今の市場環境がどうだとかこうだとか。それは、男にとってはサッカーとかと同じで、誰がスコアしたとかそういうい話なのよ。いいのよ、そんなのほうっておけば。そんなこと気にしないで」と言ってくれた。そうですかみたいな感じで。「あなたはあなたの仕事、ちゃんとやっているんだし、別にそんなことはどうでもよい。それは男のゲームだからいいのよ。入っていけなくても。出ているのはいいけど、別にそれで自分が得点を上げられなくたって、もともとボーイズゲームなんだから」と言ってくれ、それですごくほっとしました。しかし、今思い返すと、やはりそれもダイバーシティにつながるというか、何か思うことがあっても、大半が男ばっかりなので、そこに参加できない少数派がいることは残念だと思います。

例えば、私だったら、それこそ、外国人だから気後れしちゃうのではなくて、外国人だからみんなが見えてないことを見えているかもしれない。そういうことが言える雰囲気が全然つくられていないのは、残念なことです。この集団に関して。もっとダイバーシティが進んでいて、どんな人でも自分の意見を言える雰囲気があるのは大事なこと。その点では、今の勤め先は、フランス人と英国人が多いのは事実ですが、本当にいろいろな国籍の人がいるし、英語がネイティブランゲージではない人がざらにいて、つまり結構ダイバーシティがあるので、みんなが発言しやすい環境ができていると思います。

女性で得したことは、その当時はまさに人数が少ないから、すぐ覚えてもらえるとか、そういうことはあるかもしれない。あと、得したというか、私はこの仕事が、結構女性に向いていると思う。一般に男がこうだ、女がこうだと言ってはいけないと思うが、やはり一般に男の人のほうが、どうしても勝ち負けみたいな感覚があると思う。だから、リスクを取っても勝ちたいというような感覚があるのではないかと思う。私は、本当にロングタームで自分が投資する企業の成長を見守り、応援していきたいという気持ちがあるし、女性投資家一般にもそれがあるのではないかなという気はします。

今、ESGやサステナビリティなどとしきりと言われているが、以前から、私は企業に投資するときにそういうポイントがすごく気になっていました。例えば、たばこに関わる企業は、今は私の勤め先では投資できないことになっていますが、そうなるずっと前から、たばこやテレビゲームに関わる企業に投資したことはない。本当にはっきりと健康に害があるものをつくっている企業や、子供や若者の心身の健康に良いとは私にはとても思えないテレビゲームをつくっている会社に、大きくなってほしいとそもそも思えないから、そういう企業には投資できなかった。だから、それは女性だからということでは必ずしもないかもしれないが、環境や社会を大事にしながらビジネスも育てていきたいという、そういうことに関わる仕事に、女性は本来向いているのではないかと私は思います。

▼仕事で経験した最大の成功・失敗

これに関しては、「これが自慢です」という大きな自慢もないし、大きな失敗もしてない。大きなリスクを取らないというか、性格的に取れない。そういうことを積み重ねてきて、振り返ってみると、キャリアを通じての運用成績というのは非常に良かったと自分でも思います。キャリアを振り返って、不向きな仕事をしてきたなとか、そういう風に全然思っていないことは、良かったなといつも思っている。

初期の頃の反省としては、何かあったときにすぐ反射的に行動することがあったということ。これは絶対に駄目。必ず駄目なので、何をするべきか迷ったら何もしないと決めたのが正解だったと思います。過去にはその手のミスを恐らくしていた。パニックになってそれを売るとか、一番最低の類のミスです。そういうことが最初の頃はあって、いくつか自分なりのルールをつくりました。リアクトしない。いつもプロアクティブに考えよう。小さな失敗はいくらでもあったが、幸いなことに、特に大失敗とかはない。そこまで大きなリスクを取らないからだと思う。ここでリスクというのは、危険という意味ではない。どのぐらいのボラティリティーを許容するかというような意味で、つまり、自信があっても大きなポジションは取らないとかそういう意味だ。

▼キャリアや仕事のために払った最大の犠牲

これはどういうことがあるかなと考えていたら、ちょっと泣けてきてしまいました。その時は犠牲と思っていなくても子供たちが小さい時から、しょっちゅう日本に行って3週間ぐらい滞在したりしていたので、普通のお母さんよりも子供たちと過ごした時間がずっと短かったと思うとちょっと悲しい感じはします。それ以外は犠牲を払ったという気持ちはありません。やはり、そういうことを考え出すと、うるっとしちゃう場面がなくはないのですが。

だから、昨日久しぶりに思い出した些細なことで、息子が5歳ぐらいのある時、日本へ出発する朝、いつもだったら割と平気で日本に行ったらこれを買ってきて、というリストを渡されたりしていたのが、その朝は、息子がしきりにまばたきをしているので、目がどうかしたのかなと思ったら一生懸命に涙をこらえている。それに気が付いて泣けちゃったことがあったななんてことを、この質問で久しぶりに思い出してしまいました。

▼子供の頃の夢

これは、お答えするのがなかなか難しいです。子供の頃からの夢をずっと持ち続けて実現したというような話を聞くと羨ましく思ったりする。私は、ぼうっとしたものすごく内気な子供だったので、両親以外の大人とほとんどコミュニケーションを取りませんでした。だから、将来、この人みたいになりたいみたいな、大人になったらお花屋さんになりたいとか、何になりたいとか、あまりそういうイメージを持った記憶がありません。

でも、ある時点から、おそらく高校生くらいの頃から、なんとなく海外志向というわけでもないが、遠くへ行きたい願望がはっきりと芽生えてきました。人生を振り返ると、それがあってここまで来ちゃったみたいな感じがします。

自分の人生を振り返った今は、女性で活躍している方とか、別に特別目立った活躍をしなくても、それぞれの人生でこういう生き方をしたいなというロールモデルを、若い時に持てるときっと幸せなのかなというのは思います。私の場合は、遠くへ行きたい願望があったということが人生のベクトルを決めた。多くのロールモデルになるような人が存在する今の若い人を見ていると羨ましい感じがします。私よりも、すごくビジョンが明確で知識もある。自分の将来のイメージなどを、ある程度、描けているなという感じを受ける。私の娘とか息子のお嫁さんを見ていると、まだ20代なのに、人生の方向感というか、かく生きたいというような、そういう思いをすでに持っている。私の人生は30代半ばくらいまで、霧の中で自分探しの旅を続けていた気がします。

▼自信をなくしたときの立ち直り方

自信をなくしたというと、私はもともと自信がないので、あんまり自信なくなっちゃったなということがない。自信がないのが、割と普通の状態。でも最近は、自信がないからこそ、こつこつと努力してやってきて、ここまで来られたのかなと思います。

あと、何かにつまずいてしまったようなときは、一つ、私が大事にしている言葉があって、書家の相田みつをさんの『つまずいたっていいじゃないか、にんげんだもの』という言葉です。これ、二十何年も前に、日本の本屋さんで本の表紙に書いてあるのを見て、ぽろぽろ、涙が出てしまったのを覚えている。これを飾ったりもしていた。飾っていると、人に見られたときに恥ずかしいのでマウスマットの中に入れたりして、いつも目に付くところに置いて始終見ている。『つまずいたっていいじゃないか、にんげんだもの』。「そんなに強がらないでいいんじゃない」というのを、もともと自信がないからこそ、それを支えにして生きてきました。

あと、うすうす気が付いてはいましたが、自信があることと実力があることには、まったく相関関係がないらしい。反比例というようなこともあるそうです。そういう現象のことをダニング・クルーガー効果と呼ぶそうです。研究によると、例えば、会議の場で一番自信満々な参加者が、実は、一番実力がない人間であることが多いらしい。つまり能力の低い人は自分の能力を過大評価する、という認知バイアスがあるそうです。それを聞いて、そうかもしれないと思いました。かつては、自信満々な人を見ると私は、気後れしてしまうことが普通でした。自分でできるというのだから、さぞかしできるのだろうと。まったく相関関係がない、あるいは逆相関があるということらしいので、それを思い出すことで気後れというのは克服できました。

余談ですが、この研究はおもしろい。BBCのラジオでこれに関するトークをやっていた。その中でおもしろいなと思ったのが、これはもちろん人の性格でもあるが、割とカルチャーでもある。おもしろいことに日本とアメリカが例に挙げられていて、アメリカでは、自信満々に振る舞うことが良いこととされているが、日本では自信満々に振る舞うことはいけない、はしたないことと見なされるカルチャーだから、本当に自信がない感じになってしまうことが多い。それと、人前で「私、これ大丈夫です。任せてください」と言うことが、うさんくさい人と日本では見られることもある。しかし、これを海外でやってしまうと駄目。実力以上に見せようというのは間違いだと思うけれど、本当はかなりできる人なのに「いや、自分はそんなにできる人間ではないです」という態度は、国際的には通用しないことを覚えておく必要があると思います。

ＩＲのときも、この技術を本当に自信のあるものだと、強みについてどんどんアピールしてほしいなと思います。そういうことはいえる。一般に日本人は謙虚で、日本人同士では謙虚さは美しいことだが、必ずしもそう見てもらえないこともあるから、気を付けたほうがいいと思います。自分の性格だと思っていることが、実は日本人である故の思考パターンかもしれない。

あと、不運なことがあったりしたときには、よく冗談で「転んでもただでは起きないわよ」と自分にいい聞かす。それか、「人間万事塞翁が馬」。私の人生を振り返ってもいっぱいある。その時、不運だと思ったことが、次に良いことが起こるきっかけだったということが、いくらでもあるので、それを思い出して頑張り続けることを大切にしています。

学生時代（若い頃）の自分に教えてあげたいこと

一つ思い付いたのは、人生で何か大きな決断をするような場面が、いくつかあったこと。そういう時に、もちろん、どっちに行ったらいいかなと迷う。こっちに行ったらこんな良いことがあるが、こういうネガティブなポイントもあるかもしれない。こっちはこうだと、ある程度、書き出してみる。〝pros and cons〟みたいなことで書き出してみたり、人の意見を聞いてみたりなどする。そういうこともしてみているが、実際には、気持ちがもうどちらかに向かっちゃっている、これがしたいなと、自分の気持ちで最終的に決めてきました。

そういう決め方を、若い時は「私って、結局その時の感情で決めちゃっているのね」と自分の弱さの一つと思っていました。いつも大事なことを決めるときに、自分の感覚に頼って決めていて「私って、なんていい加減なんだろう」と。でも、年がいってから振り返ってみると、それで良かったんじゃないかと思います。いくら理詰めでとことん考えても、これが正解です、という答えが出てくるわけではない。最終的には自分の心がこっちに行きたいと強く引かれている方に行くのが正解だった。結局、私が決めていたのは、どっちに行ったらワクワクしそうかということくらい。もし仮にいろんなアドバイスを聞いて、ネガティブ、ポジティブを比較して、理詰めで決めて、それで上手く行かなかったときは、すごく辛いんじゃないかと思う。本当に心を惹かれる方に行って、それで駄目ならしょうがないと思えそうだし、そもそも心惹かれる方に行く方が当然一生懸命になれて、結果、こちらを正解にしていける可能性が高いとも思う。理性的に考えてアドバイスをもらったりすることも大事だけれども、最終的には〝Follow your heart〟と若い人にもいいたい。

▼これからやりたいこと・夢

不適切かもしれませんが、今まさにコロナでライフスタイルや働き方などいろいろことが大きく変わってきて、投資家にとっては本当におもしろい時代といえます。だから、今までの私の投資家人生でも、こんなおもしろい時代なかったんじゃないかなと思うぐらいおもしろい。ここからどういう会社に投資したらいいのかなと考えるのがおもしろい。コロナ禍の下、もうそろそろ辞めてもいいかなと思い始めなくもなかったのですが、あまりに仕事がおもしろい上に、会社も「あなたさえよかったら、いつまででも続けてください」と言ってくれているのでもうちょっと、しばらく続けたい気がします。

でも、その後のことも少し考え始めました。私が一番心配しているのが、世界の中での日本の存在感です。グローバルニッチトップの会社がたくさんあるなど、これだけ素晴らしいものがたくさんあるし、世界の中で第三位の経済大国でもある。それにしては存在感が弱いなと思います。まさにＩＲの本当に大事なテーマ。だから、こういったことに、何かお手伝いできることないかなと思います。他人事みたいに、「存在感ないわね」と批評家でいるんじゃなくて、何か具体的にお手伝いできることがあればやっていきたい、というのが私の将来の夢です。

▼憧れ、尊敬する人

こういう質問には、例えば、フィデリティ・マゼラン・ファンドの伝説的投資家ピーター・リンチとかいってみようかなと思いましたが、本当に長い間、そばで生活していて、本当に敬愛する人物というとやはり義理の母になります。普通の主婦だった人だけれど、本当に素晴らしい人でした。だから、尊敬する人、敬愛する人は、私のおしゅうとめさん。

▼人生に影響を与えた書籍、映画、舞台などを一つ

本が二つあります。一つが、ジョセフ・マーフィーの『眠りながら成功する』という本。日本語の題名があまりにうさんくさいので変な宗教にはまっているみたいですが、これはすごい本。原文が『The Power Of Your Subconscious Mind』という古い本です。これを20代の頃に読んですごく影響を受けました。要するに、いつも思っていることは、段々とサブコンシャスネス・潜在意識の中に沈んできて、これがものすごいパワーを持っている。「これがこれから経験することに、ものすごく影響を及ぼす。具体的には…」ということが書いてある本です。読んだ時に、これは真実だなというのを直感的に思いました。

良いイメージを自分の将来に持つことというのが、ものすごく大事だと思い、何回も読んだ本。長い年月の間に折に触れて何回も読み返しました。実は、私は過ぎてしまったことに対して些細なことでも結構いつまでもクヨクヨする性格なのですが、この本のおかげで、未来のことを考えるときには、常にポジティブなイメージを描いていく習慣がつきました。この本は、本当に若い方にもお勧めです。随分昔に書かれた本だが、これ大事だなといつも思っています。

あともう一つは、去年、初めて読んだのに、その後また何回も読み返してしまった本があります。アニメにもなったとのことで、ご存じの方も多いと思いますが『木を植えた男』。ジャン・ジオノという、フランスの作家が1953年に書いた短編です。短いから何回も読んでいます。黙々と木を植えていく人の話で、それが長い年月かかって育ち、本当に過酷な環境だった土地に森林が育ち、水が湧いて、環境が生き返っていく。そして、そこに暮らす人々の心も潤ってくる、そうしたことを淡々と描いている短編小説です。これを読んで、すごく感動して、それから何回も読み返しました。生涯で一つ、すごく心に残る本になりました。

▼座右の銘

先ほどの『つまずいたっていいじゃないか、にんげんだもの』。あれは座右の銘というか、私の生き方に関してはこれです。これは毎日、お守りのようにして、手元に置いてあります。

投資家としての座右の銘は、「着眼大局、着手小局」。出どころはわからないのですが、若い時にこれを聞いて、なるほどと思いました。着眼するときは時間軸を長く、世界観も広く見て。着手小局。着手するのは、細かいことにも注意を払ってする。投資家としての座右の銘というとこれです。

▼ダイバーシティについて

ダイバーシティは、私にとっては当たり前のことですが、一般的には必ずしも当たり前ではないと感じます。私がいろんな人と話した中で、企業の社長さんで、必ずしもダイバーシティが正しいと思わないとおっしゃった方が二人いました。企業としてのいろいろな決断をしていくときに、あまりダイバーシティがあり過ぎると、意見がまとまらない、意思の疎通が図りにくい、コミュニケーションが難しいなど、そういった理由で、ダイバーシティを当たり前のように良いことと思うのは、クエスチョンマークだとおっしゃいました。

私にとっては、ダイバーシティはインクルーシブであるということでもあるので、フェアネスの意味でも大事だと思います。人口的には女性は半分のはずなのに、企業の中ですごく少数派になってしまうと、せっかくの能力も活かせない。そうすると、企業にとってもより価値を生み出す機会を失っているという意味で損失なのではないでしょうか。

それと、もう一つ。本当にその企業が価値を最大限に生み出していくためにも、いろいろな属性の人、いろいろな角度から物事を見られる人がいるほうが良い。より価値を生み出していけるのではないかと、私は思います。だから、ダイバーシティは、すごく大事で、意思決定に関しても、必ずしも女性、男性だけでなく、国籍や、さらに年齢のダイバーシティもある方が良いのではないか。そういうことは常に思います。

昨今のESGが謳われていることに関して、不思議な現象があります。当社にもESGアナリストのチームというのがパリにあり、この人たちがスコアを付ける。スコアを付ける際に、外部の機関から得た情報や自分たちでリサーチしたものなど、そういうことを総合して点数を付けて、2点以下だと赤点で、基本投資してはいけないことになっています。持っていると、それでもあえて持ちたい理由は何かということを出して認められないと、売らなければいけないというシステムです。この点数が、私から見て非常にESGに熱心に取り組んでいるような会社で、低く出たりする。また、逆に特別ESGに熱心と思えないのに、ピカピカの合格点が付いている会社があったりする。なんだか、感覚とずれていることが結構多い。いろんな努力をされているのに、例えば環境に関する項目のターゲットの出し方が今一つ曖昧ということで、マイナス点になったりする。が、このあたりについては、今現在社内でも急速に改善されてきているので、批判するのではなく、本来の目的へ近づいていくように協力していくことが大事だと思っています。

これについては、日本企業の表現とかコミュニケーションが控えめなところは不利です。要は、自分たちのやっていることを、うまく言語化して外部の人たちに伝えるっていうところが、上手くいかないと、やはり評価につながらない。開示の仕方と積極的なコミュニケーションを考える必要がある。

心強く思った出来事もあります。私が本当に素晴らしいと思っているある企業のESGスコアが極端に低く出ていたのでそのことを

先方にお伝えすると、社長が私にすごく細かく説明をしてくれる機会を設定してくださり、その後IRのご担当の方が「パリのESGのアナリストの方に直接お話しできますか」と言って、英語で直接対応をしてくださった。こういうのは素晴らしい。これは、なかなか日本企業にできない。ここまでやれれば素晴らしいが、ほとんどの日本企業はできないので、すごく損をしている。やっている内容自体は素晴らしいのに、コミュニケーションができないが故に低い点数が付けられ、それがそのままになってしまっている企業は多いと思います。
そもそも投資家がESGを重視するようになって、結果、この会社が成長することとイコール世界が良くなっていくことが大事だと思うけれど、今のところは、やや傾向と対策的になってしまっている部分があ

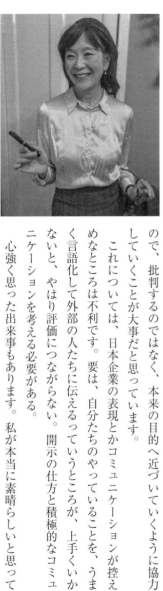

る。まず、何のためにやっているのかを、もう一回、みんなで確認し合いたいと思ったりする。でもまだ日が浅いこともあり、まず形式的なところも整えていく必要があるので、批判しているわけではない。

やはり、日本が今、本当にフォーカスして力を付けるべき部分はＩＲだと思います。企業の経営者の意識も高まっていると感じます。経営者のＣＥＯ、ＣＦＯクラスの方が直接、電話で話してくださることが増えているから。しかし、不思議なのが、今でもこういうミーティングを英語でできないところが圧倒的に多い。これはちょっとなんとかしたい喫緊の課題です。中国とか韓国の会社には、英語でコミュニケーションを取れる人が必ずいます。私の同僚によれば、なんで日本だけできないのかと疑問に思われる。イギリス人やフランス人の同僚に「なんで日本だけできないの？」と聞かれると、私はいつも返答に困ってしまいます。

情報を伝えるだけなら、直接会わなくてもできるけれど、せっかく顔を合わせてコミュニケーションするからには通訳をはさまずに直接話せるというのはアドバンテージです。というより、日本以外の国の企業はできるのが普通のようなので、できないことがハンディキャップといっても良いかもしれない。話したいときに、対応してくれる人がその会社にいることは、投資家としてはすごく心強い。企業の経営者もＩＲマネージャーも、みんな人間同士なので、直接会話ができるというのは信頼感につながります。やはり、投資家も企業の経営を実際にお仕事している方も、みんな人間同士だから、直接会話ができない会社に投資するのは不安です。これは、早急に何か対策をしたいなと思っている。結構、「無理です。日本人にはできません」などと言い切っている人が最近多いようですが、どうかと思います。誤解があるといけないので通訳を使う、ということをよく聞きますが、通訳を使えば間違いがないと思うのは間違いだということを知っていただきたい。英語でのコミュニケーションを積極的にやりましょうという機運を高めていきたい。英語が世界の共通言語であることはもう受け入れざるを得ません。

大人になってからではできるようにならないというのは迷信で、何歳からでもできるようになる人はいます。先日、英語によるＩＲの必要性というテーマで日経新聞に私の意見を載せていただいた時に、知り合いのＩＲマネージャーの方からメールをいただきました。今、40代と思われるその方は、35歳ぐらいまで、ほぼゼロというぐらい英語ができなかった。しかし、その当時の勤め先の役員に「君、英語できないと将来ないよ」と言われて、本当に一念発起して頑張ってできるようになったそうです。その方は、私の知る範囲では、英語でＩＲミーティングができる数少ない方の一人で、実は前述の、ＥＳＧアナリストと直接お話をしてくださった方です。海外経験の長い方だと勝手に思い込んでいたら、そうではなかった。そういう方もいるから、真剣に取り組めば必ずできます。

6 やらないで後悔するより、迷ったらやってみよう！

失敗しない女経営者

中島《なかじま》 好美《よしみ》 Yoshimi Nakajima

事業構想大学院大学特任教授
積水ハウス株式会社社外取締役

早稲田大学法学部を卒業後、安田信託銀行（みずほ信託銀行）で社会人としてスタートをきる。 その後、化粧品会社、広告代理店、ディズニーなどの外資系企業でマーケティング、営業などを経験。 シティバンク、ソシエテ・ジェネラル証券、アメリカン・エキスプレスの外資系金融機関で経営を経験。アメリカン・エキスプレスでは、日本人女性として初の社長にアポイントされ、シンガポールに赴任。特に女性活用、ダイバーシティ・インクルージョンについては、企業のリーダーとして後進の育成にも積極的に取り組む。組織文化・リーダーシップなどをライフワークとして研究。

アメリカン・エキスプレスを退任後、積水ハウス株式会社などの日本企業の社外取締役を務める。 事業構想大学院大学の特任教授として、女性活用・新規事業構想・マーケティングなどを研究・担当。

▼資本市場に関する仕事

資本市場というとすごいことのよう感じてしまいがちですが、会社の経営者の観点での関わり方としては、「他人から預かったお金でこれだけいろいろなことをさせてもらえるって責任重大だな」という感覚です。個人事業主の場合、例えば、八百屋を自分がやっているとすると、資金調達・仕入れ・販売をすべて自分でやり、野菜が売れなかったら廃棄し、損を出せば赤字になってしまう。その場合、自分の信用で運転資金を借りてくる必要がある。株式会社の場合は株主がいて、われわれの日常的な様々なことや将来のプランなどを対外的にＩＲし、公表することによって、複数の株主さんが株を買うという形で株価がきまり企業に資金が集まる。その資金を企業がどう使うかを決めていく。それを一円・一セントたりとも無駄にせずにどう投資のリターンを増やすのかが大事になってくる。事業計画を明らかにして、そのための行動を説明して評価してもらうということだと思います。例えば研究開発に使うのであれば、投資家に向かって「こんなことを研究して、新技術で新しい商品をマーケットに出します」とか、「事業ポートフォリオを見直すことにより、より収益性のよい体制になります」とか、適切でわかりやすい開示が求められている。単に資本効率だけでなく、ＥＳＧ等への取り組みも評価の対象になっている。収益構造がよいだけでは投資家から評価されなくなってきている。このような投資家との関係に着目するようになったのは、自分でプロジェクトを責任を持ってリードして、ＰＬやキャッシュフローを意識するようになってからだと思う。大きな企業の一部門にいると、資本市場における企業の資金調達の方法や、仕組みについての知識や興味が薄くなってしまうケースも少なくない。株主・社会・顧客の視点で企業価値について理解すべきなので、ぜひ社員教育や、現場でのＯＪＴを通じて早いうちから、お金の流れを理解してほしいのです。

資本市場においては、ヒト・モノ・カネの三つの要素にバランスよく関わることが求められます。その中でもヒトについては、大きな影響を企業価値に与えるだけに今ますます注目されている。なぜヒトなのか？　私は企業の競争優位性は、その企業のヒトがつくる組織文化からくるものであると考えています。

日本の企業の人事制度は、徐々に変わりつつあるが、基本的に「メンバーシップ型」で「新卒一括採用、みんなで定年まで勤めあげましょうね」というやり方です。ほとんどの社員が生え抜きで、社内をローテーションで回りながら年功序列型でキャリアを築いていく。これは社員の会社への帰属意識を高めて、統制されたチームとして働くという点では有効な型です。

一方で、少しずつＪＯＢ型が導入されていることにも注目したい。これは、アメリカやヨーロッパのような形とは違い、日本版ＪＯＢ型のように思える。その背景は、メンバーシップ型の限界に日本の企業も気が付き始めたからではないでしょうか？　個人にはスキルや能力に差があり、時代や事業により求められるものが違ってくる。特にテクノロジーの進歩により、今まで必要とされてきたスキルはロボットにとってかわられることもある。消費者の嗜好の変化、情報の伝達のスピードが速くなり、商品・サービスのライフサイクルが短くなってきている。生き残りをかけた企業間の、合併や事業譲渡により部門そのものが売却されることもある。またその逆もあり社内には、事業を展開する上で必要となるスキルを持った人材がいないという事態も起こりえるだろう。その場合は、社外からの採用ということになる。人材の流動化は、避けて通れない。その意味では、それぞれの仕事の内容を明らかにして、そのスキルや責任に対して給与を決め、成果で評価するというJOB型の人事制度は、適材適所・人材の流動化を促進する意味で不可欠だ。私は、外資系で早いうちからアメリカ型、ヨーロッパ型の考え方の中にいたため、今の日本企業の人事制度の変化については、必然の流れとして受け止めている。日本型のJOB型がこれからどう発展していくのかにとても興味があります。

これからは、社員は自分の責任でスキルをみがいたり勉強を続けるなど、より自己研鑽が求められるというわけだ。求められる人材でい続けるためには、外に目を向けて日本だけではなく世界の動向を読む必要があると思います。

▼資本市場の仕事についた動機

仕事をするということは、自分が持てるもの・持てないものも含めて、それが資本市場においてどう評価されるのかということであり、そこに身を置くことによって個人の力だけでなく、企業組織の一員としての経営経験をしたいという気持ちが動機になっている。

いろいろな業種を経験したが、特にリテール金融はおもしろい。リテール金融は、お客様にダイレクトに接しその生活をささえているという意味の醍醐味がある。例えばメーカーだと、原料を買って在庫を持ち、製品をつくって売って利益を得るという一連の繰り返しに何か月かかかる。タイムスパンが長い。一方、金融には、在庫がないし、マーケットの動きやお客様の動向がリアルタイムに業績に反映する。冗談で「カード会社の在庫ってプラスチックぐらいだよね」と言われるように、金融には在庫という概念がないのです。

マーケットは、毎日動いているから、今日やったことの結果がとぽんと出る。その一方でマーケティング的発想が弱かったともいえます。なぜなら、どんなプロモーションより、為替や金利の動きがお客様の行動を決めてしまうという経験をしてきたから。1900年台の日本のリテール金融には、コンシューマー・マーケティング的な発想で事業を進めていく人材がいなかったといって過言ではないのです。

事業会社の場合はエンドユーザーが、製品やサービスを購入して、それを使ってハッピーになったり、「サービスいいな」と感じるところまでが一つのサイクルです。その評価が次回の購買行動に影響を与える。私は、事業会社でいうところのエンドユーザーの気持ちをどう金融事業に反映していけるか、というマーケティングの発想で金融ビジネスに関わってきました。

エンドユーザーが真に何を望んでいるのか、というところから入っていくと、同じ商品でも、サービスでも販売や説明の方法が変わってくる。新しい発想でのサービスも生まれてくる。

私がシティバンクに入社したのは、ちょうど「24時間のテレフォンバンキング」がスタートした頃だった。その当時、日本の銀行は、3時になったらシャッターが閉まっていた。それは日本の銀行・金融にとっては当たり前のことだった。だが、お客様は、夜間でも取引したいし、相談は土曜日に支店に行きたいと思っていた。だから24時間365日のテレフォンバンキングをやり、土曜日に相談窓口を支店に開けたというわけです。金融の世界にそういったコンシューマー・マーケティングという考え方を入れて、日本で初めての顧客志向の個人金融を体験できたのは幸運であり、大きな学びがあった。そしてなによりおもしろかった。

▼市場環境の変化について

日本において、金融ビッグバンといわれたのは、私がちょうどシティバンクに入った時だった。それまでの閉鎖的な金融から大きく変わろうとしていた時代だった。

金融ビッグバンの当時、従来の日本の金融サービスは世界水準から見ると、遅れているということが世の中に知られた時だった。そしてもっと日本の金融が変わるのだろうという消費者からのポジティブな期待があった。業界も、自分たちで変わろうとしていて、ワクワク感みたいなものもあったのを感じていました。

あの当時はちょうど「失われた10年」の真っ最中だった。バブルが終わってずっと経済が低調な中でこれからどうなってしまうのかという時に日本の金融ビッグバンが起こった。これで少しは変わるかもしれないという期待があった。あの当時、例えばシティバンクでは、外貨取引が急拡大した。笑い話で、当時シティバンクに、新卒で入った人が「そんな銀行聞いたことない」と言われ、何度説明してもわかってもらえず、銀行といえばメガ・地銀などの名前しか知らないと親から就職を反対されたという時期の直後でした。シティバンクに加えて、ＨＳＢＣや他の外資系銀行、証券会社も日本での個人金融にのりだした。外国から黒船が来たということで大騒ぎになり、日本の金融機関も新しい顧客体験を提供するために大きく舵をとりました。

その後、リテール金融業界がどうなったというと、残念なことに意外な方向に動いていった。外国勢、特にリテールバンク系はほぼ日本から撤退してしまった。外資系証券会社も結局、日本企業の傘下に入るなど、一時の勢いから想像がつかない結果となった。そんな中、日本の銀行も再編が進んだ。それを経て、今は金融への他業種からの参入という事態を迎え、リテール金融の世界は、今新たなチャレンジを迎えている。

▼資本市場で起きた事象で印象的なこと

2001年の9.11（アメリカ同時多発テロ）が最も印象的です。というのも、9.11の資本市場への影響が甚大だったためです。この影響で多くの企業が業務を縮小せざるをえませんでした。自分たちが立ち上げに関わった、ソシエテ・ジェネラル証券が日本撤退となってしまったのです。

当時は、日本においてオンライン証券は生まれたばかりという状況でした。いくつかのオンライン証券会社が設立されたばかりの頃で、まだオンライン証券は新しい取引方法で、「オンラインで株が買えるの？」という時代でした。

その少し前に山一證券が破綻していました。まだまだ証券会社の手数料も高く、店頭取引というのが当たり前でした。そんな時にオンライン証券設立ブームがきたのです。当時私は、シティバンクにいましたが、ヘッドハンターから「今度、フランスの会社でオンライン証券を立ち上げるから来ないか？」と誘われました。シティバンクが嫌になったわけではないが、オンライン証券という新しいものを日本で立ち上げるということにとても興味が湧き、おもしろいと思って話に乗りました。シティバンクでオンラインバンキングやテレフォンバンキングなどの責任者だったのも決断に影響を与えたと思います。

ソシエテ・ジェネラル証券の個人金融部門はオンライン専門の証券会社としてスタートしました。時間に制限なく証券情報にアクセスでき、取引もスピーディであるという点では個人投資家の評価も高かった。日本全国から多くの新規顧客を集めることに成功して大変幸先のよいスタートを切ったのが２００１年でした。日本のオンライン証券会社の立ち上げと重なる時期で、サービスや取引のスピードなどを各社が競った頃でした。先端のオンライン証券に興味のある方々が、全国各地から地域に関係なく顧客となり、毎日様々な問い合わせが来ました。証券取引や株のことに関する問い合わせ以外に多かったのが、オンライン証券の取引画面の使い方であり、とても意外だったのは、コンピューターの使い方がわからないという人が多かったことでした。かなりユーザーフレンドリーな画面・操作設計でしたが、ＰＣの操作についての問い合わせがあまりにも多かった。考えてみれば２００１年当時まだパソコンを駆使する人は多くなかったのです。操作できなくては、取引ができないわけなので、私の発案で「操作のみをサポートする」電話部隊を編成し「テクニカルサポート」という部門を発足させました。今でも覚えているのですが、お客さんから電話が来て、パソコンの使い方がわからないというので、「まずスイッチ入れましょうか」のような初歩的なことも教えていました。お客さんの熱意がすごかった。要するに自分でチャート見ながらリアルタイムで株の売買ができるし、相場の動きと発注のタイミングで結果が変わってくることなど、リアルタイムのＰＣでの取引は新しい顧客体験でした。オンラインで取引するためにパソコンを始めたという人も多かった。株の売買に精通している顧客も多く、一回の取引金額が比較的多額であったことも覚えています。

お客さんの取引を見ていて、スタートしたばかりのオンライン証券にこれだけ興味を持つ個人投資家がいる、ということは、証券会社のサービスがこれから大きく変わっていくのだろうということを肌で感じました。株の売買がオンラインで一般化する一方で、金融リテラシーがない人も取り残されないように、日本での金融教育の必要性など考えながら仕事をしていたら9．11が起こったのです。

全世界的に、証券取引所が閉鎖になり、一瞬で世界的の金融市場は冷えた。忘れもしない9．11の日は、立ち上げたばかりで毎日のように新入社員を迎えて、将来への期待で多忙な中でも、皆がそれぞれに胸を膨らませていた時でした。夜遅くまで働いて残業のあと近くのおいしいギョーザ屋さんで、みんなでギョーザを食べていました。そんな時テレビで飛行機がビルに突っ込んでいく光景を見たのです。音を消していたので、みんな、映画のワンシーンだと思い、「明日もまた朝、頑張ろうね」などと言って帰宅したら、なんと本当だということがわかってびっくりしました。翌朝からはすべてが大混乱だった。証券取引所も閉まり、世界経済が一気に冷えてしまいました。次に、何が起こったかというと業務の縮小です。要するに、全世界でリストラをする必要が生じたのです。ソシエテ・ジェネラル証券では、本国の方針で新しく開けたところから閉めるという非常にわかりやすい方針をとりました。当時、日本のオンライン支店が一番新しかったのです。せっかく日本の先陣を切ってオンライン証券を立ち上げ、好調にビジネスをスタートしていたのに、十分結果を出せない時点で閉鎖が決まりました。9月から閉鎖の準備を限られた人数で進め、それを社員に伝えたのが忘れもしないボージョレ・ヌーボー解禁日でした。

9.11の直後からボージョレ・ヌーボーの解禁日まで、日本撤退の決定を社員に伝えることができませんでした。社員が帰宅したあと、撤退プロジェクトメンバーにアサインした何人かで、夜中まで営業譲渡、社員の移籍、再就職などの手配を進めていました。社員へ発表した日がボージョレ・ヌーボーの解禁日だったので、いまだにボージョレ・ヌーボーというと、その時の辛い思い出が蘇ります。というのは、自分が新しい会社のポジションについて仕事を始めるに当たって、マーケティングやセールス、コールセンターなどの従業員はすべて私が面接し、以前いた会社から応募してきた人も多かったのです。その時にはすでに数百人の社員が在籍していました。悩んでいても仕方がない。早速それぞれの行先を手配するために奔走した。シティバンクから来た人をHSBCに送って、他から来た人をシティバンクに送ってというように、知り合いやつてを頼って必死に活動しました。そこでうれしかったのは、「中島さんが採用した人だったらきっと間違いない」という理由で撤退の日までにほぼ全員、再就職が決まりました。もうその日から20年以上も経ちますが、いまだにその方たちとは年に何回か会う。実際にともに働いた時間は短くても、新会社設立、撤退という経験をともにした仲間は大切です。残念なリストラではあったが、逆に「力がある人はなんとかなる」ということを彼ら自身が感じてくれているからこそ、みんなたくましく育っている。これは非常によかったと思います。

2002年4月、オフィスを契約どおりに原状復帰して、カチャンと鍵を閉めて業務は終わりました。フランス人は、みんな本国へ帰っていきました。

ソシエテ・ジェネラル証券の営業譲渡先は、日本のオンライン証券でした。お客様に状況を理解いただき、スムースに移管できたのはありがたかったです。

もう一つの大きな経験は、2011年9月からアメックスのシンガポール社長を務めたことです。常に新しいことにチャレンジしたい私にとって、シンガポール社長就任を打診された時は、とてもうれしかった。自分のサクセッサーも育ってきたし、何か新しいことをしたいと上司や人事に相談をしていたところ、海外への赴任の可能性を示唆されました。基本的にアメックスの場合は、現地の言葉と英語でビジネスをするわけなので、私の場合は英語圏の国が候補となる。シンガポールへは、シティバンクの時代から仕事やプライベートで年に四〜五回は行っていたので、知らない土地ではない。でも社長として赴任するとなると、覚悟がいります。一方で当時は、不安より、期待のほうが大きかった。二つ返事で返事をした時のことは、今でも記憶に残っています。夫には、もし海外赴任のチャンスがあったら行きたいと以前から伝えてありました。私のキャリアに対する夫からの応援もあったのは、とても心強かったです。

アメリカの金融大手企業のシンガポール社長に日本人女性が就任するということは、ダイバーシティ＆インクルージョンが進んでいるアメックスでも初めてのケースでした。シンガポール社会でもとても好意的にこのアポイントメントを受けとめてくれました。

ダイバーシティ＆インクルージョンを実践し、後に続く人々に勇気を伝えたいと意気込んでいたが実際は心細かったです。シンガポールの人たちは、たった一人の日本人として落下傘で赴任した私をとても温かく迎えてくれました。同じ会社とはいえ、ビジネス規模もカルチャーも違う世界での様々な体験は、私にとってかけがえのないものとなりました。シンガポールは、海外からの駐在員の数も多く、金融の中心地として香港の地位を奪った競争の激しいマーケットです。世界中から人が集まり多民族国家として急速な発展を遂げてきた国でのマネジメントは、タフでありプレッシャーをとても強く感じました。一方で、現地での友人・人脈もでき、国際的な環境での生活は、日本では味わえないものでした。

アメリカの先進的な企業とはいえ、マイノリティ（女性、有色人種など）の経営層への参加が課題であったアメックスにとって、アジアでのこのアポイントメントが大きな一歩でした。その一歩に当事者として関われたことは、私にとって大きな喜びであり、責任を感じました。

▼仕事を振り返って今だから思うこと

転職の時、いろいろな選択肢があり、選ぶべき道があり、いろんな岐路を経験しました。今、その転職に関して、全部やってみて良かったと思っています。例えば、アメックスに転職した時のように、ソシエテ・ジェネラル証券会社が撤退を決めて、仕事を探すという時もありました。自分から新しいチャレンジをしたくて、シティバンクを辞めましたが、辞めたくて辞めるというより、もっとやりたいことがあったからやめたという場合もありました。私に限らず、皆さんにもそのような選択をするべき時が来ると思います。その選択、それはチャンスです。私は、毎回転職するたびにリスクを取りました。ただ。本人としては、リスクを取っているというよりも、そこに何かおもしろいことがあるかなと思い、新しい環境に飛び込んでいったという感覚かもしれません。それもあまり迷わずに。よく仕事上のオファーがあるとき、「半年、考えさせてください」とか「一晩考えてください」という会話のケースを耳にしますが、私の場合は、あまり時間をかけず、直感的に決めていました。それぞれのタイミングで自分の直感を信じて、転職のリスクを取りにいったともいえますが、今思うとそれらのチャレンジを取って良かったなと感じています。

一つお伝えしたいことがあります。私は、今までその会社を嫌で辞めたことがないのです。こっちのほうが何かおもしろそうかな、チャレンジできそうかな、という感覚で行動してきました。

周りの人々のサポートも忘れてはならないことです。私は自分の上司に、キャリアの相談をよくしていました。転職の際も結構平気で相談したことがあります。シティバンクの時、在日代表の上司に「オンライン証券の立ち上げに関わるために、フランス系の証券会社に行くことを考えている」と言ったら、「これから伸びる分野でおもしろそうだ。やってみる価値はあるけれど、嫌になったら戻ってこい」というようなことを笑いながら言われました。実際に古巣に戻ろうとは思わなかったが、そのぐらい上司たちも私の性格を理解し、応援してくれていました。「この人はもう決心しているようだ。何をいっても翻意はしないだろう。だったら好きにさせよう」と考えてくれていたようです。社外へのチャンスを探す以外にも、社内でも「何か新しいことしたいです」と言っているタイプでした。アメックスの同僚からは、「中島さんは何か新しいことを見つけていく人だね。同じことに縛り付けていると辞めちゃうからさ」とよく言われていました。よく私の性格を見極めていてくれたと思います。

大学を卒業した時、自分の30年後、40年後のキャリアを描くことなどまったくできませんでした。漠然と仕事を続けていきたいと思っていました。綿密な計画を立てるのではなく、むしろいろんなチャンス・機会があって、岐路に立った時に、より楽しそう、おもしろそうなものを選択してきました。その積み重ねの中で、私のキャリアがつくられていったといえます。

▼女性だから得した・損したこと

早稲田大学卒業後、安田信託銀行に入行しました。女子学生にとっては、大変な就職難の時代でした。就職した後にやっぱり何かが違うなと思った。なぜなら、大学までは女子だからという差別も区別もなかったのに、会社に入ったら制服を支給されたのです。男子は、制服なんて着てないのに。仕事の内容も会社からの期待も当然違っていました。

当時の日本企業では、20代後半の女性社員は「お局さん」と呼ばれていました。結婚適齢期という言葉があって、24～25歳で結婚退職するのが一般的であるともいわれていた時代でした。だからその年齢を超えると退職する人も多く、今とはずいぶん違う世界でした。

しかし、銀行を退職して、アメリカ系化粧品会社のエイボン・プロダクツ株式会社に入社してみると、まったく違う世界を見ることができました。女性を年齢で差別する風潮はなく、皆自由に働いていていたのです。「そうなんだ、働けるよね！」と心から思いました。そういう

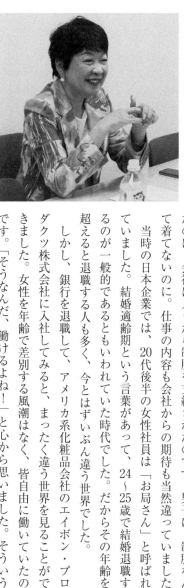

風に見ているとニューヨーク本社にジェンダーを問わず、素敵なリーダーがいることを知り、遠い存在ではあったが、その人たちを見て、私もいつか経営者になりたいとか、人をマネージメントしてみたいという風に、おぼろげながらではあるが思うようになりました。

日本の女性の中には、近くにロールモデルが必要だという方も多い。気持ちは理解するしロールモデルを否定するわけではないが、ロールモデルがすべてを解決するわけではないというのが私の考え方です。自分の意思で、チャレンジする気持ちが何より大切なのではないかと思います。

私の時代はロールモデル以前の話でした。「アイアン・シーリング」という言葉を私はよく使います。「グラス・シーリング」という言葉は今一般的になっていますが、同じ天井（シーリング）でもアイアン（鉄）とグラス（ガラス）はまったく違います。「グラス・シーリング」は、見えない壁です。将来が、次のキャリアがあるのがわかるのに、見えない壁に阻まれる。悔しいことこの上ないですね。一方「アイアン・シーリング」は、私の頭の上にありました。次のステップ、将来が見えないのです。この次に何が待ち受けているか、まったく見えない。マンホールの蓋を想像してほしい。この蓋の上に何があるのかとわからないまま、首を、手足を突っ張って、こじ開けていったという感じです。私はいつもアイアン・シーリングをこじ開けてきました。あえて言うとマンホールの蓋の小さな穴からかすかに入ってきていた光が救いでした。その光を見て、この蓋の上には、すごく楽しいことがあるに違いないと期待していました。一方で、蓋の向こうに行ったら踏みつぶされてしまうかもしれない、蓋の上に車が走っているかもしれないというリスクも考えなくてはならなかったのです。

外資系では、20代後半で経営やマーケティングのプロフェッショナルになる人もいました。そうはいっても、ジェンダーによる差別は根強くあり、当時はまだまだ男性中心の社会でした。そんな時、大学を卒業するまで意識していなかったこと、つまり、ジェンダーが自分のキャリアに大きく影響するということに気が付きそれに直面しました。「女性って不利よね」とその時実感しました。その後、しばらく仕事の面では「男に生まれたかった」と思っていました。上司・同僚にも恵まれ、差別されていたわけではないのですが、何かが違うと感じていました。これは自分も含めて「アンコンシャス・バイアス」にとらわれていたからではないかと、今は思います。

結婚、渡米などのライフイベントを経て、転職、マーケティング・営業などのキャリアを積んできました。30代半ばぐらいで、「男に生まれたかったとは思わない。やっぱり女性でよかった」と思うようになりました。女性だから損しているという気持ちからの脱却でした。女性だからチャンスがないのではなくて、チャンスがあるのを知らないだけなのだ。なければ取りに行けばいいのだと思うようになりました。チャレンジは、「どういうチャンスがあるのか、どういうキャリアパスがあるのか」もわからず、もがいている時間が長かったという点です。私たちに最短距離はない。いろんな余計なことをしながら進んでいくしかなく、平坦な道のりではなく、キャリアをあきらめる仲間も多かったです。私は、運が良かったと思う。運が悪かったら、沈没していたかもしれないです。

些細なことで、得したと感じたこともありました。働く30代半ばの女性が少ないから、訪問先や会合で名前を一発で覚えて貰えるということです。それまでは「男性と伍してやらなきゃ駄目なんだ」などと思い、男性以上に成果を上げることが大切だと考えていました。でも本当にそうなんだろうか？　私には私の個性や得意分野があるはずなのに、「全部の男性vs.私」という構図をつくってしまっている自分に気が付いたのです。「私だから一発で名前をすぐ覚えてもらえる。珍しいから有利だ」などと考えるようになり、「禍福はあざなえる縄の如し」ではないけれど、チャレンジはチャンスなのだから、こういう状況もそんなに悪くないと思い始めました。ちょうどその頃に大きなプロジェクトリーダーとしてチームでそれを成功させたり、同世代の部下を持ったりするなど、管理職としての自覚が高まっていたのは、幸運でした。

でも笑い話もいっぱいあります。取引のある会社や、大きな会議に参加すると、なぜかいつも私は通訳か秘書として認識されていました。私より年上に見える同僚や部下の男性が上座の席に通され、私は部屋の隅のほうに案内される。通されたとおりの席に座ってから、名刺交換をする。バツが悪そうに「大変、失礼いたしました。こちらへどうぞ」と席替えをしたりすることを、おもしろがっていました。まさにこの状況がアンコンシャス・バイアスです。それに笑って付き合ってくれた同僚や部下には、悪いことに付き合わせてしまった、と今は思います。逆の話で、上司が男性の外人だと、レディーファーストだからエレベーターに乗るのは私が先。日本の会社とは、違うから、私が先にエレベーターに乗ると、びっくりされ「あの人、随分偉そうに先にエレベーター乗っている」などと言われたこともあります。カルチャーの違いや、ダイバーシティに関心を持ち出したのもこの頃でした。

▼仕事で経験した最大の成功・失敗

「私失敗しないので」。話題になったTVドラマじゃないけれど、これが私の信条です。なぜなら、失敗はそこから学ばないから失敗であって、どんなことでも学びがあれば、成功だと思っているからです。そして決して諦めないことが大事。だから私にとって、「これでは駄目です、こんなんじゃ駄目ですからあきらめましょう」と思ったら失敗になる。「これは駄目だったけど、これから学んだことを大切にして、同じ過ちは二度とやらないよね。成功させるためにベストな方法を考えて実行しよう」と思ったら成功だと思います。私は、会社でよく『ドクターX』の絵を出して、「私、失敗しないので」というキャッチフレーズをいってチームを盛り上げていました。そのぐらいに思ってないと駄目。よく失敗談を挙げてスピーチする人がいる。それも一つの表現方法だとは思うが、私は失敗を失敗で終わらせたくない。究極のポジティブシンキングです。もちろん人に迷惑を掛けてはいけないが、悲壮感ただよう話より、メッセージが明確でユーモアのあふれる話のほうが聞いていて楽しいし為になると思っています。

成功や誇りに思うことの一つは、多くの部下を育てたことです。企業という組織で、常に自分のサクセッサーを見つけ育てるのは、基本中の基本の約束事です。就任したその日からサクセッション・プランにとりかかるのです。多くの社内候補者から数人を選び、外部からの候補者も必要に応じて迎えて、計画的に育てるのです。多分、私は人を育てるのが、好きなのだろうと思う。サクセッサーになった人達、結果としてならなかった人達も、良く育ってくれたと今でも感謝している。人を育てることは、自分が成長することだと思います。過去の成功体験に囚われることなく、それぞれの個性を尊重しあい、リーダーとしての行動や思考を強くしていく過程は、何ものにも代えがたい経験です。

私のキャリアへの考え方や経験なども包み隠さず伝えるようにしています。アイアン・シーリングの話や、アンコンシャス・バイアスのネガティブインパクトなどの話は体験者として具体的に話すことを心がけています。私は、自分のコピーをつくることを目的とせず新しい考え方に興味を持ち、チャレンジができる人を育てたいと思い行動してきました。それぞれがセルフブランドを持ち、それを輝かせることが大切です。ダイバーシティ&インクルージョンの意味と意義を理解して実践できる人材を増やしていくのが、私のライフワークでもあります。

人間と人間の関係性は、糸を紡いでいくような感じだと思う。それぞれの立場や考えを尊重しながら、意見を交換すること、相手の考えから自分が触発されることなどから、自分一人でできること以上のものが生み出される。私はヘルシー・コンフリクトという言葉が好きだ。相手に迎合せず、本音がお互いに言えるからこそ、職場を離れた今でも良い関係が続いているのです。

▼キャリアや仕事のために払った最大の犠牲

何もない。または私が気付いていないだけなのかもしれない。

自分のことではないが、仕事と家庭の両立で悩みを持つ女性は多いと思う。またその件での相談を受けることも多い。そんな時私は「両方を完璧にやろうとしても無理だし、自分がつらくなるだけだろう。どちらかを選ぶのではなく、プライオリティを決めてはどうか?」と提案することが多かった。常に全力疾走をすることは、大きな負担となる。ライフイベントに合わせて、その時々でベストな方法を選んで生きていくことが、長い目で見てキャリアを助けるはずです。もちろんそのためには、会社の制度や、上司・同僚の理解とサポートが不可欠です。長い人生の中で、数年間のブランクは、取り戻せるはず。今は在宅勤務などの諸制度の整備が進んでいる。すこし肩の力を抜いて、周りの人の意見を聞く余裕もほしい。

またパートナーの理解と協力は不可欠である。おせっかいかもしれないが、女性が仕事を続けたいのであれば、その生き方に理解を持ち応援してくれるパートナーを選ぶ、それがキャリア形成の第一歩です。

▼子供の頃の夢

子供の頃の夢は、なんだったのかな？　特にこれというものがなかったと思う。好きなことは、文章を書くことだった。夏休みの宿題の読書感想文や作文など、書くことが好きで、本はよく読んでいた。絵をかいたり、ピアノをひいたりと、おとなしい手のかからない子供だったようです。

私が今になって、とても両親に感謝していることがあります。私の親は「女の子だから」という言葉で私の行動を制限したことは一度もなかったです。そんな家庭だったので、女性だからとこうすべきだということを思ったことがなく、すくすくと育ちました。だから、就職活動で世間の風にあたり、余計ショックを受けたのだと思います。

キャリアを築くことができたのも、ジェンダーの型にはめられない自由な雰囲気の家庭環境で育った点が、おおいに影響していると感謝しています。

でも、子供にアンコンシャス・バイアスを親の無意識な行動によって持たせているケースがある。「女の子だから」「男の子だから」という理由でその子の取るべき行動を期待したり、制限したりすることは意外と多いのではないでしょうか？

なぜ女の子がうまれるとピンク系の服をお祝いに選ぶのか？　私たちの無意識な行動が、子供の心にジェンダーのバイアスを育てているのかもしれない。

▼自信をなくしたとき（逆境）の立ち直り方

私は、逆境のときこそ頑張るという、逆境を受けて立つぞ型です。「こんなことになっちゃったんだ。でもきっと大丈夫だから頑張ろう」という感じ。状況を客観的に見ている自分と、その状況を楽観的にとらえている自分がある。自信を持って逆境に立ち向かう。このように話すと、ドンキホーテみたいに聞こえてくるかもしれないが、落ち込んでいる自分を見たくないのかもしれない。

私は、楽観主義者だといえる。そして、自分でコントロールできないことは、事実として受け入れて、その事実に対して抗わない。例えばソシエテ・ジェネラル証券の日本撤退が決まった時のことだ。9.11のテロで世界経済がインパクトを受けたこと、その影響で立ち上げたばかりの会社の撤退が決まったことは、自分のコントロールできることではない。あれは、自分ではどうしようもない。ここにいる誰のせいでもない。自分たちがコントロールできないことで、くよくよして精神的に落ち込んだりしている暇はない。まず受け入れること。そしてできる限りの対策を考え実行する。それと、人のせいにしないことも大切。自己責任という言葉を正しく理解して使いたい。自分で決めたことに、責任を持つことと誇りを持つことが大切で、たとえ結果が期待どおりにならなかったとしても、学びがあれば失敗ではないのだから。

▼学生時代の自分に教えたいこと

チャンスがあったらとにかくトライすること。そして失敗を心配して考えている暇があったらやってみて欲しい。その経験から学べばいいよねと思う。悩むより、前進。もちろん想定されるリスクはキチンと計算して対策を立てること。

私は、学生時代にはまったく外国に興味がなかった。外資系でのキャリアを通じて、多くの外国人の友人を得て、その文化や人生に触れることができた。それはとても貴重な体験。できれば、学生のうちに旅行でも留学でも、世界を体験するのもいいと思う。

▼これからやりたいこと・夢

今は毎日、楽しくてしょうがない。フルタイムでの経営者の立場を退いてから数年経って、今は、大学院と社外取締役を中心に活動しているが、以前にもまして知り合う人や触れ合う人に多様性を感じています。異なるバックグラウンドや、仕事、年齢など、ダイバーシティのある世界に今身をおいていると感じている。自分が経験したことや体験したことを伝えたいし、異なる世代の人たちの考え方や生き方に触れていきたい。一方通行ではなくて、そういう人と話していると新しいアイデアがいろいろ浮かんでくる。刺激をお互いに与え合う仲間を大切にしたい。

▼憧れ、尊敬する人

いないというと不遜になってしまうのかもしれない。パーツパーツで今、頑張っている方の様々なお話を聞いたり本を読んで、「ここ良いな」と良いとこ取りをしたい人はいっぱいいる。年齢に関係なく何かを一生懸命やっている人の話を聞くのは好きだし、そういう人を応援したいと思います。

▼人生に影響を与えた書籍、映画、舞台などを一つ

乱読傾向で、なんでも読んでみる。何度も読んでいるのは、稲森和夫さんの「生き方」です。音楽では、ウクレレ奏者のジェイク・シマブクロさんをデビューしたての頃から応援しています。ハワイの日系人で、私たちがなくした何かを大切に持っていて、それが演奏にあらわれている。素敵なミュージシャンだ。

▼座右の銘

「やらないで後悔するより、迷ったらやってみよう」

迷っているということは、興味があるということ。やってみないと結果はわからないのだから、迷うくらいならやってみよう。やらなかったことを後悔しても、もしやった場合の結果は想像でしかないのです。

▼ダイバーシティについて

ダイバーシティを語るときには、ダイバーシティ&インクルージョンという形のセットで語りたいと思っています。

私はよく、「もし10人のチーム全員がまったく同じ考えだったら、10人の意味がない」ということを言います。例えば10人のメンバーで構成されるチームがあって、その10人がまったく同じ考えと行動しかできなかったとする。ブレインストーミングとか新しい事業のディスカッションをしても、一人の人が考えることと結果は同じになってしまう。つまり9人がいなくても結果が変わらないのです。

しかし、もし10人いて、10人がそれぞれ違う考えやバックグラウンドを持っていて、その10人が違う意見を出し合い、触発されたり悩んだりしながら議論したら何が起こるでしょうか。新しいアイデアが出てくるでしょう。ダイバーシティは、それぞれの個性、考え方、性別、国籍、信条などが異なる状態をいい、インクルージョンは、それらの人々が安心して、自己を表現して相手を尊重しあい、影響し合うことをいう。ダイバーシティ&インクルージョンはとても大切で必要なことです。

日本が停滞してしまっている理由は、ここにあるのではないでしょうか。いまだに日本では、強い同調圧力で、個性を出すより「みんなと同じ」が評価されている状況、ジェンダーの分野ではいまだに男性が優位である点など、変化が起こりにくい状況が続いています。組織

やチームの構成メンバーは似たような人を集めがちだ。そんな中で、たとえ人と違うことを思っていても言えないから、ヘルシー・コンフリクトは起こらず、新しい考え方が生まれにくいのではないでしょうか。

海外がその点違うのは、ダイバーシティ&インクルージョンの必要性と価値を理解し見出し、違うということに価値を見出す。それを前提にしてディスカッションすることが奨励される点です。そして新しいアイデアが生まれやすい組織文化をつくることが経営の課題として認識され行動しているという点です。

なぜ、日本のダイバーシティ&インクルージョンが浸透しないのでしょうか？　これは高度成長時代には、ダイバーシティがないことによる効果で、一時的に最高の成果を上げたという成功体験があったからだと私は思います。例えば、おもちゃの兵隊さんの話ではないが、右向け右というと全員が右を向く。何の疑問もなく言われたことを言われたとおりに実行する。これを販売の例としよう。一人の強いリーダーがいて、こうやって物を売ってくださいとマニュアルをつくり、そのとおりやったらだれもがほぼ売れるようになる。決まりに従い、何も考えないで同じ行動することが推奨される。皆がチームで同じ行動をとり生産性を高めることに注力した、日本の高度成長の一つのサクセスファクターであったのではないでしょうか？　もしそこで多様性を認めたら、それぞれが様々な売り方をする。そうするとうまくいく人、行かない人があらわれ、一時的には生産性が落ちることになる。

ダイバーシティ&インクルージョンが起こると、いろいろな考えを持って行動した人々が、それを持ち寄ってさらに良い方向に向かうための議論ができるようになる。そして一度決めたことでも、常に新しい見方で考えることが当たり前となり環境の変化にタイムリーに適応できる組織文化がつくられる。そしてメンバーがダイバーシティ＆インクルージョンの価値を実感するのです。私が1980年台後半に住んでいたアメリカの西海岸は、すでにそんな雰囲気だったことを今でも思い出します。

今のような混沌とした世の中ではおもちゃの兵隊さん組は、変化に対応する力を失い、だんだん力を失っていくと思います。そして、ダイバーシティ＆インクルージョンを実践した人たちがこれからの変化に対応しながら、生き残ると信じています。

7 継続は力なり、努力は必ず実を結ぶ！

外資系CAから羽ばたいた国際証券アナリスト

宝田《たからだ》 めぐみ　Megumi Takarada CFA

東洋証券 投資調査部　シニアアナリスト

神奈川県出身。父の仕事の関係で、小学３年の時にニューヨーク、中学は約２年間香港で過ごすが、高校受験を機に単身帰国を希望し親元を離れる。青山学院高等部を経て青山学院大学文学部卒業。KDDに入社後、すぐにKLMオランダ航空に転職。その後東洋証券、メリルリンチインターナショナルバンク、メリルリンチ投信投資顧問でマーケティングに携わる一方、アナリスト業務に興味を持ち一念奮起、アナリストの試験に挑戦。2001年、古巣の東洋証券に戻り、トレーダー、IPO審査・コンサルに携わる。現在、投資調査部でシニアアナリストとして活動。2009年CMA、CIIA、CFA資格を取得。2010年青山学院大学大学院国際マネジメント研究科を卒業しMBA取得。2011年日本CFA協会の理事に就任。2017年に同協会の副会長、2019年には初の女性会長として選任され、任期を満了。現在はCFA試験の採点官を務める。また大学でも講義を行い後進の育成に力を入れる。

▼資本市場に関する仕事

幼少期に海外に暮らしていたので、世界を知ることにとても興味がありました。そのため、大学卒業後はＫＤＤに数か月、その後ＫＬＭオランダ航空に転職しＣＡとして勤務していました。その頃立ち寄った国々で、タイやドバイなどを目の当たりにし、一国の経済発展が企業活動にも影響を与えることを垣間見てきたことから、徐々に経済に興味を持つようになり金融業界に進みたいと考えるようになりました。

そして、１９９５年に東洋証券に入社。その後、メリルリンチインターナショナルバンク、メリルリンチ投信投資顧問では、ファンドのマーケティングに携わりました。２００１年に古巣の東洋証券へ戻り、国際部のトレーダー、ＩＰＯ（Initial Public Offeringの略、新規公開株）の審査（新規上場を希望する企業に対して、証券会社が行う審査。この審査を経て、上場を希望する企業は取引所の審査に進む）とＩＰＯコンサルを担当し、現在は、投資調査部のシニアアナリストとして活動しています。

その傍ら、２００９年にＣＦＡ®（Chartered Financial Analyst：ＣＦＡ協会認定証券アナリスト）資格を取得後、２０１１年に日本ＣＦＡ協会の理事に、２０１７年副会長に就任しました。その後、２０１９年に同協会初の女性会長に選任されました。

▼（追加質問）アナリストとしての仕事の中で、印象に残っている企業について

建設業界とサービス業界をカバーしています。建設業界をなぜカバーし始めたかというと、たまたまＭ

BAのクラスメートに清水建設で働く方がいて、彼の自社プレゼンが非常におもしろく、興味を持ったのがきっかけです。

印象に残っている企業で一番初めに思い浮かぶのは、東鉄工業です。余り耳馴染みのない会社でしたが、ラージミーティング（アナリスト向けの決算説明会）に参加したところ、その会社は、鉄道関連工事のリーディングカンパニーで、財務諸表から財務体質がしっかりしていることが確認できました。

この会社が一般的に知られてない理由は、同社が、夜、終電から始発まで人が寝静まった時間に、裏方のような仕事（鉄道メンテナンス）を行っているからでしょう。「撮り鉄なら東鉄工業を知っていても一般の投資家は知らないだろうな」と思う一方、鉄道メンテナンスは常に必要なので「将来絶対になくなる会社じゃない！」とひらめきました。同社のIR対応も熱心で、経営者との対話や工事現場見学など会社を理解するために有意義なものが多く、私の心を動かしました。また、海外投資家への企業プレゼンは、今では断るところは少ないでしょうが、ためらう企業もあります。同社は海外の投資家へのプレゼンも経営陣自ら行うといった情熱を感じ、そのような企業の姿勢にも魅かれました。

アナリストには企業の適正株価を導出するというとても大切な仕事があります。株価が割安か割高かを判断するための指標の一つに、PBR（Price Book-value Ratio：株価純資産倍率）がありますが、当時同社のPBRは企業の解散価値の一倍を下回っていて、株価は500円から600円あたりを行ったり来たりしていました。しかし私は、「この会社には他社ではできない専門性がある。いつまでもこんな株価のはずはない」と思い、DCF（株価算定手法の一つ）などを使い適正株価は900円程度と保守的に算出しました。

本当に東鉄工業の名前が知られるようになったのは、2011年3月の東日本大震災でしょうか。震災で東北新幹線が止まり、復旧には相当な時間がかかると予想されました。この新幹線をなんとか5月の連休前までに開通させたのが東鉄工業です。「まさに専門プロ集団。ものすごい会社だ」と改めて感心しました。縁の下の力持ち、黒子のような存在だけれども、なくてはならない企業だなとますます興味がわきました。震災後、鉄道の大規模な耐震工事が行われると考え、株価を再び算出したところ3000円以上に上昇すると目標株価を予想しました。鉄道の工事は高い専門性が要求されます。鉄道の大規模耐震工事はなおさらで、同社の技術力が威力を発揮しました。御茶ノ水駅付近の耐震工事、また山手線の駅は盛り土の駅も多く、土台の強化が必要なホームドア設置も困難ですが、難工事は同社の得意とするところです。鉄道に関する工事を多く受注し、株価も実態に沿って上昇しました。

駅のホームはたくさんの方が利用します。エレベーターやホームドアなどは、障がいを抱えた方、あるいは高齢者の目線にもならなければいけません。経営者との対話からも、東鉄工業は、（ESGの）ソーシャルな部分でも努力をされている企業だといつも感じます。社員の方たちも生き生きとお仕事をされているのも印象的でした。

人にあまり知られていない企業を発掘できたときにはとてもワクワクします。まるでダイアモンドの原石を見つけたような気分になるのです。

他にもエスプールという企業に注目しています。同社は派遣ビジネスをしていますが、障がい者の雇用支援も行っています。世の中には身体に障がいを抱えていても働きたいと思っている方は多くいます。ところが企業側は、障がい者を採用したものの、どんな仕事を割り当てたらいいのか、いつも悩むそうです。企業によっては、コピーやシュレッダーだけをお願いしてしまうところもあると聞きます。小さな部屋で一日中シュレッダーをしていたら誰でも気が滅入るでしょう。孤立感、孤独感で辞められてしまうケースが多くあるそうです。

そこでエスプールは「じゃあ、障がい者が喜んでできるような仕事を探せばいいじゃないか」と農園で野菜つくりを選択したのです。農園で働きたい障がい者と、障がい者を雇用したい企業をマッチングさせる事業の発想がユニークで驚きました。現在、農園で働く方は2200人以上にのぼり、370社以上が同社と契約をしています。(2021年3Q末現在)

なお、障がい者雇用支援サービスの営業利益率は約30%と、収益性の高いビジネスです。利益率が良いのもポイントですが、私はそれ以上に社会に貢献している点で、価値が高いと思っています。

まず就職できた本人、親御さんも喜びます。企業側にとっては、長期での雇用が確保でき(定着率は92%と高い)、採用する煩雑さも減ります。そして自治体にとっても、就業者が増えるのはありがたいでしょう。なぜなら今までは障がい者に生活保護を支払っていたのが、今度は彼らが納税者になるからです。皆がWin-Winの関係です。

障がい者雇用に関わっている企業は他にもありますが、同社は補助金にまったく頼っていないのも強みです。障がい者への配慮なども、同業他社との違いを感じます。社会の課題に向き合う同社の姿勢に、私は注目しています。

▼資本市場の仕事についた動機

ＫＬＭオランダ航空のＣＡとして働いている時から、機内の経済誌を好んで読んでいました。その中でも『日経ビジネス』は特に熱心に読んでいました。私の叔父（山本七平氏・評論家）が論評を出していたからです。そして経済誌を読むうちに、自然と企業の動きに興味を持つようになりました。

また、機内にいると企業の動向を読めるようになるのです。なぜならオランダには欧州のハブ空港であるスキポール空港、加えて欧州最大のロッテルダム港があるからです。つまり世界中の企業が進出しやすい国なのです。

長いフライトでお客さまと話す機会もあり、「オランダにこれから工場をつくりに行くんですよ」という話を聞くと、「あ！この会社は今調子がいいのかも」と思うなど、企業活動を身近に感じました。

確かに、航空会社と金融業界はまったく畑が違います。たまたま機内に証券会社の方が乗っていらした時に、その方と日本のマーケットや証券業界の話をし、その場でヘッドハンティングされた経験がきっかけになって、徐々に金融業界に興味を持ち始めました。

ＣＡとしての仕事が時差もあり肉体的に厳しいと感じ、契約期間の区切りが良い時に退職したところ、東洋証券で英語のできる人を募集していました。引き続き英語が使える仕事がしたいと思っていたので、「渡りに船」と東洋証券への入社を決めました。最初は日本のマーケットや、上場銘柄を海外の投資家に紹介する仕事でした。

▼市場環境の変化について

私が金融業界に入った1990年代は今から考えると、本当にあり得ないことばかりでした。普通に、PKO（プライス・キーピング・オペレーションの略。「Peace Keeping Operation」をもじったもので、株価が大幅に下落しないように、政府が公的資金を活用して株価を下支えする政策）などがいわれており、海外投資家に「今日のマーケットはどうして上がっているの？」と聞かれても「PKOです」という答えが通用していました。証券会社による顧客への損失補填が新聞紙上を賑わせた頃からまだ時間が経っておらず、投資家保護という言葉もあまり聞かれなかったように思います。

当時のアナリストは、インサイダー・インフォメーションを上場企業から取ってきた人が優秀とされる雰囲気がありました。2017年にフェア・ディスクロージャールールが導入され、今では特定の相手にだけ情報を漏らすことは違法になりました。市場でも、特定の大手証券のアナリスト、あるいは特定の顧客が優遇されるということは減っており、そういう意味で、当時と今を比べると本当に隔世の感があります。

また私がこの業界に入った当時はESG（企業の長期的成長に重要な環境〈E〉・社会〈S〉・ガバナンス〈G〉の三つの観点）のEの字もありませんでした。利益を上げることが最重要だった時代でした。今も利益を上げることは重要ですが、それに目を奪われ、何か犠牲になっているものはないのかが重要視されてきています。例えば、企業は安い労働力を求めて海外での生産を行います。ファッションブランドのZARAやH&Mは、開発途上国の児童に過酷な労働を強いているのではないかと報道されました。そのような企業の中には、生産拠点を見直したところもあります。投資家や社会が、企業動向に敏感になってきている表れでしょうか。企業やファンドも同様に、投資家への開示がこれまで以上に求められています。ESGはコストがかかるという意識もありますが、それを達成しない限り企業に長期の成長はありません。

▼資本市場で起きた事象で印象的だったこと

私にとっては、やはり「山一破綻」（1997年）でしょうか。北海道拓殖銀行が破綻し、普通でしたら銀行が破綻するなどということはあり得ないと思っていました。

トゥー・ビッグ・トゥー・フェイル（Too big to fail：TBTF：大き過ぎてつぶせない）で、どこかからそれなりの支援がきてなんとか立て直すというのが普通でした。ちょうど拓銀が破綻し、次は山一證券が危ないという時でした。友達とも「山一、今頃、身売りの話をニューヨークにしに行ってるのでは？」と話をしていた矢先、山一が自主廃業を発表したのです。四大証券の一つが廃業、「まさか」と思いました。

その後、メリルリンチがメリルリンチ日本証券を設立し、山一の社員を1500人ほど引き受ける形になりました。山一を買収することなく、営業マンを獲得するとは、また驚きです。

私は、その時、メリルリンチのプライベートバンクに在籍していたので良く覚えています。在籍していたプライベートバンクの業務がメリルリンチ日本証券に移ることが決まると、同僚のバンカーが次々に転職していきました。私も、どうしようかと悩みました。プライベートバンクではマーケティングの仕事をしていましたので、それだったらファンドのマーケティングの仕事が続けられるところ、メリルリンチ投信投資顧問に行こうと決意しました。

ですので、私が運用側のバイサイドに移ったのは、山一破綻がきっかけです。バイサイドに移っても、マーケティングの仕事をさせてもらえました。メリルリンチ投信投資顧問はその後マーキュリーとの合併で、メリルリンチ・マーキュリー投信投資顧問、それから、メリルリンチ・インベストメント・マネージャーズに名前がどんどん変わっていきました。

会社の名前が変わるにつれ、激務で終電でも帰れない状態になりました。夜9時のミーティング後に、次の会議は11時にと言われたり。「11時に集まるってどういう会社?」と思いながらも、みんなもやっていて当たり前という感じでした。タクシーで帰宅し、時には真夜中の4時にニューヨークとロンドンと電話会議をする、という生活でした。(今ならZOOMですね。布団から這い出ての会議でしたので、カメラ機能が当時はなくて良かったです)

私は当時、バンクローンのファンドを扱っていました。銀行の貸出債権を証券化したバンクローンは日本では馴染みの薄い商品ですが、相対的に高い利回りが魅力ですし、担保付債券なので比較的安心感があるといわれています。デフォルトの際には元本の回収率がハイイールドに比べて高いのも魅力ですが、価格は激しい動きをすることがありました。さらに悪いことに、マーク・トゥ・マーケット(時価評価による評価替え）ができないという時期があり、ファンド自体が大きく下がり、海外のポートフォリオマネジャーに市況をヒアリングするなど対応が大変でした。

メリルでの私の業務は、それまでの富裕層向けのセルサイドビジネスが、日本の証券会社向けに変わった形になりました。働く場所がセルサイドからバイサイドに変わったのですが、個人的にはマーケティングの仕事という意味では同じで、取引相手が変わっただけでした。しかし、バイサイドが商品（ファンド）をいかにつくり、魅力的に見せて売るか、というのはしっかり身を持って経験しました。東洋証券に戻った後、たまたまバンクローン・ファンドのプレゼンをしている投資顧問の方が「これはとても安全な商品です！」と言っているのを聞き、そんなに安全じゃない、と当社の企画部門にすぐに実態を伝えました。恐らく、その投資顧問では海外のトラックレコードの一部しか見ていなかったのかもしれません。商品によっては、パフォーマンスの良い時期だけのトラックレコードを見せる手法もありますので、なじみのない海外の商品を理解するのは難しいことがあります。今は信頼のおけるファンドは、一定期間のトラックレコードを見せています。

▼仕事を振り返り今だから思うこと

人生のその時々で、仕事や自分への時間の配分は変わってくるものだと思います。若いうちは仕事に情熱をつぎ込んでもいいと思っており、そういう時期があるほうが成長すると思っています。

ただ、どこかで折り合いをつけなくてはいけないとも思います。例えば、メリル時代に終電で帰れない日が続くのは、やはりきついと感じました。仲の良い友人の入院を含め、周りで体を壊す人が出たのを見て、健康でいることの大切さも痛感しています。

20代、30代と50代では外部環境が異なります。50代になると両親が歳を取り、介護などから自分の時間が減り、タイムマネジメントが必要となります。家庭、仕事、勉強への時間配分が非常に難しくなります。

そう考えると、周りに気兼ねせずに仕事に没頭できるのは若い時期なのでしょう。若い時はしっかりと基礎固めをする時期です。私自身が30代で初めて金融業界への転職した時は、すべてを一から始めなくてはなりませんでした。周りの人より経験値が少ない分、私には必要なことでした。勉強した努力は必ずどこかで実を結ぶと信じています。

今振り返ってもCFA資格の取得には苦労しました。何に一番苦労したかというと、時間の捻出です。とにかく自分の時間がありませんでした。しかも出題範囲は膨大で、レベル1からレベル3まであります。まさに本との格闘です。しかし夜1時過ぎに帰宅した後の勉強はほぼ無理で、気づくと寝ていました。そのため通勤時間、昼休みが貴重な勉強時間でした。たまに30分昼休みが取れた時は、誰にも邪魔されない非常階段で、冷たい階段に座って参考書を読んだことも数回ありました。寒くて断念しましたが。もう一つ辛かったのは記憶力です。歳を取るにつれ記憶力は衰えてくるのか「あれ？　昨日これやったのに、またできない…」こんなことが起きます。資格はもっと早く取っておけば、と思いました。

そんな試験で苦労した私ですが、現在、CFA試験のグレイダー（試験の採点官）をやっています。金融業界はどんどん進歩していますので、試験内容も毎年アップデートされます。試験の採点をする上で、海外の採点官と内容を議論しますので、私もテキストに目を通す必要があり、いまだに勉強です。

▼女性だから得した・損したこと

この金融業界は、やはり男性が圧倒的に優位な世界です。ポートフォリオマネージャーも、アナリストも、人数の割合からして男性が優位です。特に日本を見ると、この業界における女性の昇進は遅いと感じます。私自身「もし私が男性だったら、もう少しよいポジションにいるのではないかしら」と思ったこともあります。他のアジアの国と比べても、女性の昇進が遅い点は残念です。

しかし、アナリストという仕事に関していえば、女性・男性に関係ない仕事だと思っています。逆に、女性の目線が優位に働くことがあるかもしれません。女性のほうが、買い物に行く際にも、もしかしたら男性よりも、価格、商品の特徴など、たくさん商品を見比べたりすると思うからです。通常よりも売れているのならば、その商品はどこの企業の物だろうと、昔は気にならなかったことも気になるようになりました。もっとも、女性の目線というよりも個人個人の見方が重要ではありますが。

私が担当している建設業界は特に女性アナリストが少なく、女性アナリストの比率は2割もいかないでしょう。そもそも建設業界自体、金融業界よりも女性が少ないイメージです。

女性アナリストの私が訪問すると伝えると、中には戸惑われた企業もあると思います。しかし、実際にお会いすると逆に非常に丁寧に教えてくれます。女性だからわからないことも多いだろうと配慮してくれたりもします。そもそも女性アナリストは少ないので、名前もすぐに覚えてもらえます。その点はメリットなのでしょう。

見学会で建設現場に行くこともありますが、以前は用意されている長靴はすべて女性には大き過ぎましたが、最近は小さめのサイズも置いてあります。昔に比べると、工事現場にも女性が増えています。女性用のきれいなお手洗いも設置され、雰囲気も明るく、現場もこうやって変わってゆくのだなと思います。

▼仕事で経験した最大の成功・失敗

私が日本CFA協会の会長だった時期にちょうどCFAI（CFA Institute; CFA協会）の幹部が来日することになりました。かなりハードなスケジュールでしたが、その短い期間中に、どうすれば日経CNBC（CS放送の経済ニュース専門チャンネル）の取材を受けてもらうかという課題がありました。幹部には「時間的に難しいから無理だ」と最初は断られましたが、CFAI会長のマーガレット・フランクリン氏に直談判し、一生懸命説得した結果、なんとか受けいれてもらえました。もちろん日経CNBC側とも交渉をしました。

CFA資格は、海外では金融業界にいればほとんどの人が知っています。私がこの資格を取ろうと思ったのも、海外で通用する資格だからでした。しかし日本ではまだ認知度が低く、CFA協会がどういう組織なのか、何を目指しているのか知らない人もたくさんいます。それを少しでも多くの人に認知してもらう、また会員の方にはこの団体に属して良かったと思っていただけるようにするのが日本ＣＦＡ協会会長としての役目と思っていました。米国本部の会長を日本のテレビに出演させたことは私にとってはある意味成功といえるでしょう。

ＣＦＡＩ幹部の方と一緒にＧＰＩＦ（日本の年金積立金管理運用独立行政法人）や当時の遠藤金融庁長官も含めて金融庁の方々ともお会いし、金融業界のあるべき姿の意見交換をさせていただけたことも貴重な経験でした。

もちろん、初の女性会長ということでのプレッシャーもありました。しかし、そんな時に力強く支えてくれたのが同性の友達でした。彼女たちの支えは本当に涙が出るほどありがたく、一生忘れません。また、コロナの感染拡大が始まり、同協会の運営でも多くの試練がありましたが、おかげさまで会員数が減ることなく、課題にも取り組み任期を全うできたのは、多くの人の支えがあったからです。本当に感謝しています。そして、会社の仕事をしながら、同協会の理事としての仕事や活動ができたのは、上司や周りの理解の賜物ですので、東洋証券にも感謝しています。

ここまでは日本ＣＦＡ協会の会長としてのお話をしましたが、一方で、アナリストとしてはおもしろい銘柄を発掘できた時は非常にうれしく感じます。企業の成長を見られることはアナリスト冥利に尽きるのです。

大きな失敗はありませんでしたが、小さな失敗・ヒヤっとしたことはトレーダー時代に何度かありました。トレーダーは、毎日株式の売買をするので、当然ながら失敗（誤発注）はつきものです。例えば、売りと買いを間違って取引してしまう「ドテン」や、株数の間違いは、どんなに注意していても発生します。私も始末書を書いたことは、何回かあります。

ちなみにジェイコム事件はよく覚えています。ジェイコム事件は、みずほ証券の担当者が「61万円で1株売り」とすべき注文を「1円で61万株売り」と誤ってコンピュータに入力、誤発注したことで株価が大暴落した事件です。

私はその日、お客さまからジェイコム株の売り注文を「計らい」といって、トレーダーの裁量で執行する注文をいただいていました。そして突然この株価が下がっていくのを見ました。「これは大変だ！　私も早く売らなければ！！　ストップ安になる前に」と、成行きの売りの発注を急ぎました。しかし通常なら1秒後に、いくらでどれくらい約定できたかが機械上で返ってくるのが、いくら待っても返ってきません。市場でも何か悪い材料でもあったのかと投資家から成り行きの売り注文が殺到、あっという間に株価は下がり、ストップ安まで行きました。その後、トレーダーの誤発注ではないかと市場に伝わり、今度はストップ高になる始末でした。

結局、私の注文はストップ安になる前に出したにも関わらず、ほとんどがストップ安、つまりその日の一番安い値で約定されました。

なお、後から、このトレーダーは、注文を発注する際に警告メッセージがあったのを無視してしまった（警告メッセージがたびたび間違って画面に出ることがあったためと聞いています）、また東証からみずほ証券へ誤発注ではないかとの照会もありましたが、社内での確認に時間を要した、東証のシステムにもバグがあったなど、他の要素も重なっていたことがわかりました。小さい事象を見落としたために、大きな損害につながることがある。誤発注は、誰にでも起こりえますが、この件は世界中のトレーダーが自分のことのように肝を冷やしたことと思います。

▼キャリアや仕事のために払った最大の犠牲

私の場合は特に犠牲を払ったことはありませんでした。しいて言うのなら、CFA試験に受かるまでの長い間、ことごとく試験に落ちるたびに、「あぁ、また来年か」と、すごろくでいうとふりだしに戻るような、あのやるせない思いを家族全員に感染させたことでしょうか。学生ならいざ知らず、いい歳をした大人が、です。しかも何年も不合格を続け、ついに母から「体を壊すぐらいなら、もうやめなさい」とまで言わせてしまう始末でした。父は母と違い、「継続は力だからやり続ければ受かる日もある」と笑顔で慰めてくれました。

その頃父は、悪性リンパ腫を患い、辛い闘病生活を病院で送っていました。私はテキストで肩に食い込むくらいの重たいかばんを背負って、よく父の病室を訪れていました。

そんな父は私が試験に受かるのを見ることなく他界しました。「継続は力」と教えてくれた父に合格を直に伝えられなかったことはずっと心に残っています。そのCFA試験の合格通知は父が亡くなってからほどなくして届きました。まるで父からの贈り物の様に。

子供の頃の夢

子供の頃は世界、異文化に興味がありました。海外に住んでいた影響もあるのでしょう。ニューヨークではユダヤ人、香港では広東人など独特な価値観を有する人たちの中で生活しており、異文化に自然と触れ合う環境にいました。

いろいろな世界を見てみたいと思っていましたが、今は様々な企業を見ることができ、それを日本や海外の投資家に伝えることができる仕事につけた点では、夢がかなったのかな、と思っています。異なる文化の人たちと交流するのはとても楽しいですし、今自分が誰と接するのにも壁がないのは、このようなバックグラウンドがあるからかもしれません。

そういった環境にいたことはこの先もずっと大切にしたいと思っています。

自信をなくしたときの立ち直り方

家族や仲の良い友達に悩みを聞いてもらいながら、おいしいものを食べて気分転換をします。例えばCFA試験に落ちた後は、挫折感を味わいますが、また一生懸命勉強すれば良いと前向きに考えるようにしています。ポイントは自分が頑張れば解決できるものかどうかです。自分の努力で解決できることならなんとかなりますが、人間関係などは自分の努力だけではどうにもできません。そういった場合は、自分の中で時間を置くなどして解決するようにしています。

▼学生時代や20代の自分に教えてあげたいこと

海外で幼少期を過ごしたことから、日本の歴史や文化をあまり学んでおらず、日本についても多くを知りませんでした。ところが、ある程度の歳になると、日本人として日本の文化や歴史を知らないと、海外で何も伝えられないことがわかってきました。もう少し学生時代に日本の歴史などは勉強しておくべきだったと思っています。

また、資格などはできるだけ頭が柔らかいうちに取得することです。語学にしても。ただ、そうはいっても新しいことにチャレンジしたいと思えば、それを始めるのに年齢は関係ないと思います。いつからでも始めていいと思っています。

資格取得にはお金もかかります。私もCFA資格取得には、けっこうお金がかかりました。当時はオンライン受講などもなく、三日間の集中講座などでも軽く20万円近くしたのです。ただ、何かを習うのは自分への投資です。今、何か身に付けようと思っている方には、ぜひ迷わず自分に投資してほしいと思います。

企業が成長するのには投資が必要です。人間も同様で成長のために投資は必要です。学校に行く、新しい知識を身につける、旅行などからも知らない世界が見えてきます。美術館や博物館からも知らない世界が見えてきますのでお勧めです。

そして人とのふれあい、そこからの学びも人生を豊かにする上で本当に貴重だと思っています。

私自身が転職を経験しているため、人から転職の相談を受けることがあります。相手が若い人でしたら「もう少し頑張ったら⁉　今、人生百年時代だから、そんなに転職も焦ることはないよ」と伝えています。仕事の内容や人間関係などで悩み、仕事を辞める寸前までいった女性社員もいます。でも「宝田さんのいうとおり踏みとどまって、今、仕事は楽しいです」と一人ならず数名から言われると、良かった、と思います。そう、部署が変われば仕事も変わるし、周りの人も変わりますから。証券会社一社とっても、部署により仕事は異なります。一方で、もし私のようにまったく違う業界に移るならば、それこそ早目にシフトをするのがいい、とアドバイスをします。

▼これからやりたいこと・夢

後進の育成と起業家をもっと増やすのが、私の夢です。私自身、多くの人に助けられて、今の自分があります。そのため後進の育成はこれまでの恩返しだと、自分の中ではとても大切に思っており、ＣＦＡ協会が主催する学生向けのアナリスト大会やEthics Challenge大会などにも関わり、若手には資格を取るようにアドバイスをしています。大学などで、アナリストの職業やＣＦＡ資格について講義した後に、学生から「とてもワクワクした！」とか「資格についてもっと聞きたい！」と駆け寄られると、心の中で「よし！」とガッツポーズです。

起業家を増やすという点では、東洋証券が広島のテックプランターのスポンサーでもあり、審査員として関わっています。テックプランターは起業前の個人・ベンチャー企業を対象とした、事業シーズを発掘・

育成する取り組みです。

そういった駆け出しの事業の技術や発想には、「こんなのがあったら、助かる人がいるだろうな」と思わずにはいられないものがあり、社会を変える種だったりするのです。

一方で、起業家が日本に少ない理由は、教育のせいや起業というカルチャーがないなど、要因は多々あるのでしょう。日本にはこんなに素晴らしい技術や技術者がいるのに眠ったままになっているのは、実にもったいないことです。しかし誰かがそれを後押しすれば、起業家は育っていくと私は考えます。そのような土壌が日本には必要でしょうから、そこをお手伝いしたいと思っています。アナリストとして、「こういった技術ならばここの企業さんに持っていくと良い」といったような、コラボレーションの橋渡しもできるような気がします。

▼憧れ・尊敬する人

ＮＨＫの朝ドラで『あさが来た』のヒロイン・広岡浅子さん。広岡さんは、実業家、起業家として成功した明治の人です。彼女の嫁いだ先は加島屋という大阪の豪商です。でもそこの炭鉱事業がうまく行かないと、周りの反対を押し切り、銃を隠し持って炭鉱に乗り込むのです。気性が激しい男たちのいる炭鉱ですから、身の危険も承知していたのでしょう。彼女のそんな行動を気がふれたと取る人もいましたが、彼女は坑内に自ら入り、炭鉱の問題点を一つひとつ潰し、炭鉱を立て直すことに成功したのです。当時の女性としては異質です。そんな彼女の言葉は、私には響きます。

「成功する秘訣は、その人の情熱に関わってくる」「最初から無理だと思って諦めたらば、その結果はやっぱり無理。しかし無理だと思っても目標を持って、どうやったらそれが完遂できるのか焦点を絞っていくことが大切」。あの時代に実にエネルギッシュな女性が日本にいた事実に感激し、大阪に行った時には、大同生命まで行ってしまいました（広岡浅子は大同生命の創設者の一人）。

実業家として成功した後、彼女は日本女子大設立に関わります。周りの人を引き上げようとする優しさ、その姿勢に憧れると同時に尊敬します。彼女は、女性に機会が与えられていないことを残念に思っていたのでしょう。だからこそ多くの女性の背中を押し続けたのだと思います。

背中を押してくれたといえば、一橋大学の江川雅子先生（日本証券業協会副会長、東大初の女性理事）もその一人です。私が日本ＣＦＡ協会の会長に選任された時のことです。初の女性会長だったこともあり、相当苦労していることを江川先生にお話ししました。すると先生は、「そりゃ、そうよ。そもそも女性の育てられ方っていうのは男性とは全然違うし、でも、やっぱり宝田さんが、日本ＣＦＡ協会の会長になることとはエポックメーキングだったのよ」と励ましてくださいました。江川先生ともっと早くからお会いしていれば、もっと早く背中を押してもらえたのに……。こんなふうに背中を押してくれる人がいることは本当にありがたいものです。勇気もモチベーションも上がります。今度は、自分がそういった存在になりたいと思っています。

そして、起業家としてはジャンクボンド・キングと呼ばれたマイケル・ミルケン。もともとジャンクだと思われていたものをハイイールド化してしまう柔軟な発想。様々な企業が彼のおかげで今は大企業になっています。その後、彼は証券詐欺で有罪となってしまいましたが、彼のユニークな発想は正当に評価されるべきだと思います。新しいアイディアを次々と、既成観念にとらわれることなく実行に移すような人がいないと社会は進んでいきません。そういった意味で、とても憧れます。

▼人生に影響を与えた書籍、映画、舞台等

私の叔父は山本七平といって『日本人とユダヤ人』の著者であり論評家です。父から「これ、七平叔父ちゃんのだから読んでみな」と手渡されました。あの当時、水とか安全にお金を払うこと自体がすごく不思議だった時代に、「日本人は安全と水はただだと思っている」と書かれていたのです。しかし、今ではそれは当たり前になっています。ものの見方、切り口の鋭さにすごく衝撃を受けました。もちろん、彼の論評には様々な評価があります。でも、誰もが信じて疑わないことでも、本当にそうなのかと問うことの大切さ、違う視点から見ることの重要さを私は学びました。

▼座右の銘

「継続は力なり」。ＣＦＡ資格に何年も挑戦し続けたのもこの言葉があったからです。

▼ダイバーシティーに関して

日本ではまだダイバーシティーの必要性を語らなくてはなりません。世界に後れを取っている印象です。

遅れていることを認識し、取り入れるメリットを理解していかなくてはならないと思っています。意見が違う人と働くことで、議論が深まり、物の見方も変わるかもしれません。企業の成長にも新しい考えが必要でしょう。

ＭＢＡの授業で「若者、よそ者、ばか者」を取り入れることで、イノベーションが進むと議論したことがあります。まさにダイバーシティのメリットは、そういったイノベーションが進む土壌をつくれることではないでしょうか。

女性やマイノリティー、障がいを抱えている方に対しても、社会がダイバーシティーを取り入れていくことで、自分と違う考え、見方を持った人たちがいるということを認め、理解することが大切です。企業としても、個性を大切にしていくことで成長していくのではないでしょうか。そこにダイバーシティーの必要性は論を俟《ま》たないでしょう。

ただ最近、「マネージメントに女性は何名入れましょうか?」という話をよく耳にします。こういう話を聞くと、私は「ただ単に女性であれば誰でもいいのか?」と思ってしまいます。当然、女性の中であっても、経験や資格、スキルがあり、必要だから入れていくのだと思います。そうでなければ今度は男性への逆差別という問題が発生してしまいます。大切なのは、結果の平等を求めるのではなく、機会の平等を求めるこ

とです。

ダイバーシティへの意識改革については、できるだけ若いうちから始める必要があると認識しています。その意識改革は、女性だけではなく、男性にも必要だと考えています。そういった取り組みこそが、次世代の日本にとって必要な気がします。

ダイバーシティーについて最後にお伝えしたいことは、経営者の啓蒙の必要性です。マネージメントもダイバーシティーについて共通した考えを持たなければ、部下にも伝わりません。企業として間違った方向に進む可能性もあります。ですので、これからはますます、経営陣の啓蒙も大切になっていくものと思います。

▼（追加質問）事業会社と証券会社で働いてこられましたが、金融資本市場の仕事に関わって良かったと思うことはありますか。

もちろんです。KLMオランダ航空にいる時は、いろいろな国に行ったり、知らない世界を見たりすることで、自分なりに何かを発掘できる楽しさを感じていました。金融業界に入りIPOやアナリストの仕事を始めて気づいたのですが、企業というのも、独特の文化、人間の集合体であり、言葉を換えれば一つの小さな国なのです。そして、そこには、CA時代に知らない国々を見てきた時とまったく同じ強烈なワクワク感が存在するのです。

この仕事に就いていなければ、こういった世界や社会を見ることができなかったと思います。毎日が驚きと感動の連続です。この仕事は天職だと思っています。

心から、今の仕事を愛してやみません。

第3部

資本市場とダイバーシティについて

【座談会】

【資本市場とダイバーシティ】オンライン座談会

登壇者

宮原幸一郎
株式会社東証システムサービス代表取締役社長

岩田宜子
CAPW シニアアドバイザー

三和裕美子
CAPW 理事

司会進行

姜理恵
CAPW 理事兼事務局長

司会：姜　本日ご参加いただく御三方の略歴を紹介させていただきます。

まず、宮原幸一郎様。宮原様は、1988年に東京証券取引所に入所され、総務部長、情報サービス部長、東京証券取引所グループ常務執行役等を歴任されたのち、2015年に株式会社東京証券取引所代表取締役社長に就任され、2020年には同社社長と兼務して株式会社日本取引所グループ取締役兼代表執行役グループCo-COOに就任され、マネジメントのお立場から、ダイバーシティー経営の推進に積極的に携わられてきました。

次に、ジェイ・ユーラス・アイアール株式会社代表取締役の岩田宜子様です。岩田様には本書第2部の個別インタビューにもご登壇いただいております。現在、グローバル・アイアール、コーポレートガバナンスのコンサルティング会社を展開され、IR、ガバナンスの論客として活躍されながら、経営者のお立場からも女性の活躍を後押しされています。

そして、三人目は明治大学商学部教授の三和裕美子様です。三和先生は、明治大学にて研究教育に携わるほか、エーザイ社外取締役、全国市町村共済組合連合会資金運用委員等を歴任されております。コーポレートガバナンス、機関投資家の発展、ESG投資等をご専門に研究されており、投資家が企業に求めるダイバーシティー経営について、様々な所でご知見を披歴されています。

このような識者三名の方に、本日は自由に語っていただきたいと思います。どうぞよろしくお願いいたします。

今回の対談は、研究テーマ『資本市場と女性の活躍に関する研究』に対して、公益財団法人石井記念証券研究振興財団令和2年度研究助成金対象として研究資金をいただき、書籍出版企画として実現したものです。本研究の中で、資本市場を生き抜いてきた女性たちに対してインタビューを行い、その生きざまを赤裸々に史実として記述し、資本市場に関わりながら築いてきた多様なライフキャリアを詳細に示すと同時に、各自が考える「多様性」について率直な意見を述べていただいています。これらの内容を書籍としてまとめることで、今後、資本市場の仕事に携わりながらキャリアを構築したいと考える若者たち、自分のキャリアを見直しているビジネスパーソンの皆さん、そして、企業経営者の方々に、資本市場における多様な生き方やダイバーシティについて考えるきっかけや道標を提供したいと考えています。

ここまで、私どもは、資本市場で活躍されてきた女性の研究者や経営者、証券アナリストの方々に、インタビューを重ねてまいりました。そして、本書のまとめとして、女性目線だけではなく、ぜひ男性目線でも、冷静かつ客観的に、資本市場と女性の活躍について色々お話を伺いたく、今回、宮原様にご登壇をお願いした次第です。

第1部▼宮原さんのこれまでのご活動について

質問1．東京証券取引所や日本取引所グループの組織として、ダイバーシティ経営の促進並びに女性活躍推進に関して、これまで宮原さんが取り組まれてきたご活動についてお聞かせください。また、それら

の実践にあたり、宮原さんが個人的に意識してきた点についてお聞かせください。

宮原　最初に、東証に入社する前に、いわゆる女性活躍推進だとかダイバーシティーに関して、私自身の原点になったきっかけというか、経験がありますので、それをお話しさせていただきます。

私は、1988年に東証に入社する前に、大学卒業後、電源開発（J-POWER）に入社をしました。この電源開発、J-POWERという会社は、全国津々浦々に発電所があり、そこで起こした電力を、9電力会社に販売することを主な事業としている会社です。私も入社をしてすぐ2年間、広島県の竹原火力発電所に赴任をしました。

新入社員は大体そういう現場にすぐに赴任させられるわけですが、そこでの経験が今振り返ると、私にとってダイバーシティーや女性活躍ということについて考える、一つの大きな経験になったと思います。

電源開発という会社は、発電所を建設する会社ですから、文系出身者は少数派で、7割ぐらいが理系の社員です。しかも、大学院卒で、原子力の専門家から、大卒、高専卒、工業高校卒、商業高校卒と学歴だけ見ても様々でした。

発電所では地元の商業高校を卒業した女性の社員の方や、工業高校を卒業して、いわゆる転勤のない、今でいえば地域限定職みたいな社員がいらして、こういう方々が実際には現場を支えているというのを実感しました。例えば経理はベテランの女性が何から何まで全部わかっていて、東京の本社社員は大体2、3年で転勤をするのですが、地域限定職のような形で地元で入社した方たちが非常に活躍をされている現場を経験しました。

そういう中で、いろいろな生き方というか、その地元で就職した方々とお話をすると、中には東京や大阪の大学、短大を出られて、また地元に戻ってこられた方もいらっしゃって、「なぜそのまま東京や大阪で就職されなかったんですか」と尋ねると、故郷を愛しているとか、親の面倒を見る必要がある、通勤が嫌など、いろいろな理由があって地元に戻り、そこで、転勤もなく安定した生活と仕事を両立できるという観点で、地元での就職を選ばれたという方が結構いらっしゃった。

もう一つは、私は独身寮に入って、2年間過ごしたわけですけれども、独身寮以外に、いわゆる単身赴任寮というのがあり、それと社宅というのがあるわけです。

まず、独身寮で先輩や同僚たちと話をする機会があり、本当に様々な考え方や生き方、選択肢というのがあるんだなと思いました。

J-POWERという会社は全国津々浦々に発電所があり、非常に転勤の多い会社であったため、単身赴任をしている方たちと話をすると、子供が中学校に上がると帯同できないというお話をされていて、その時は、私自身まだ独身でしたので、そんなことなのかなと思いました。

一方で、社宅に招かれると、中学生でも高校生でも、一緒に父親の転勤に付いて、地元の学校に転校してきているという家族もおられて、そこで学びながら、家族として一緒に生活をしていると、こういういろいろなライフスタイルというのがあるんだなというのを、その時に感じました。

また、冒頭、お話ししましたように、非常に優秀な女性の方々が現場を支えているというのを、実際に目の当たりにしてきましたので、そういったことが、その後にダイバーシティーだとか女性の活躍を、どういう形で制度的に枠組みを整備したらいいかというようなことを考える、一つの大きな経験、原点だったというのがあります。

それともう一つ、1994年から3年間東証のニューヨークの駐在事務所に赴任した際の体験がありました。その時は、私自身家族を帯同して、ニューヨーク郊外のスカースデールという街で生活をスタートしました。私の子供達と同じぐらいの年格好の子供が隣近所に結構いましたのでアメリカ人の方々とお話する機会が度々ありましたが、非常に、自分たちの生活というか、家族も含めて、そこを一番大事にしているという印象を受けました。

私が東京から転勤してきたと自己紹介をすると、それ自体も彼らにとっては結構驚きなんですが、私が日本では、転勤というのはビジネスマンとして、一般的なことでもあるという話をし「あなたがもし、アメリカ国内で例えば西海岸あたりに転勤をしてくださいと言われたらどうしますか」と尋ねると、皆さん総じて、「考えられない」、「もしそういう状況になれば、また地元で仕事を探して、ここで家族と一緒に暮らすことを考える」とお答えになりました。

息子たちが、地元のバスケットボールやフットボールのチームに入っていたので、夏になると、夕方、5時くらいから練習をするのですが、そういった所に、お父さんや家族が応援しに来ている。私も何回か早めに事務所を早退して、子供たちの練習を見に行きました。そういう意味で、何が人生にとって大事なのかということを考えさせられるニューヨークの駐在員時代でした。

東証入社後は様々な部署を経験しましたが、２００９年ぐらいから、人事・経営企画・広報を常務として担当しました。その時から人事制度の改正に取り組み始めたのですが、その後、２０１３年に、東証と当時の大阪証券取引所、大証が、経営統合をしました。

その時に、私は、当時のＣＥＯとＣＯＯから、「人事担当として、人事制度の統一を図ってくれ」といわれました。

東証と大証は同じ証券取引所ですが、人事の制度がまったく異なっていたところがあり、この機会に将来を見据えて、社員が、モチベーションというか、きちんと仕事に向き合える人事制度を統一してほしいということでした。

両社の社員が前向きに仕事に向き合える環境をつくるために、制度的な統一を早く図らなければいけないということで、最初に取り組んだのが、介護や育児制度の対応です。少子高齢化という時代の背景を受けて、色々な意味で、やはり、介護とか育児というのが仕事との両立を考える上で、あえていえば大きな負担になってきているのではないかと考えました。そういう負担を、少しでも軽くすることにより、社員の皆さんのエネルギー、リソースを仕事に振り向けていただきたいと考えました。

私は基本的にはプライベート、「私」の充実なくして「公」の充実はないと思っていますので、なるべく「私」の部分、プライベートの充実の手助けを、会社として何か取り組めないかということで、まず、喫緊の社会的な課題にもなっていました育児、介護制度に手を付けたというところです。当然のことながら、女性だけがそういう意識というか、育児や介護をするわけでもないので、男性社員も含めた形での制度的な枠組みを整備しました。

そういう中で、アベノミクスがスタートして、社会的にも女性活躍推進の動きが出てきたわけですが、それはそれとして、ＪＰＸとして、この女性活躍推進をさらに進める必要がある。具体的には女性管理職比率の目標設定、クオータ制も検討しました。私も当時は、本当にこういう数値的な目標だけ掲げて、それに合わせて数合わせのようなことをしてどうなのかとも考えましたし、議論もしましたが、取りあえずやってみて、それで弊害が出れば、また見直せばいいのではないかということで数値目標を設定して取り組みをスタートしました。

また、今までの研修制度そのものが、どうしても男性を中心とした研修制度になっていましたので、女性固有の仕事と家庭の両立、当然のことながら、これは本来であれば男性も含めての課題ではありますが、そうした中で、女性のキャリア形成を念頭においた研修制度を整備しました。

一方で、単に、女性社員だけの制度的な整備ということではなくて、これが企業にとって大事なことだということを役員も含めた管理職に認識をしてもらう必要があるということで、マネジメント研修の一環として、ダイバーシティーや女性活躍推進等のテーマを取り上げて、そういった意識を全社員が持つような研修制度を同時に並行して進めました。

最後の仕上げみたいな形で、今までの育児、介護、女性の活躍推進のための制度枠組みも含めて、働き方改革、ワーク・ライフ・バランスという観点から、フレックスタイム、在宅勤務の導入などを試験的に導入しました。

それと同時にリカレントというのでしょうか、少し休職をして、改めていろいろ学んでみたいというニーズもあるかと思いましたので、そういった自己啓発のための休業制度、休職制度づくりにも取り組みました。社員の皆さんの多様な価値観にいかに応えられるか、会社としてどこまで選択肢を準備できるかということを意識しながら、対応していきました。

こういう中で私自身も気をつけなければいけないなと思ったのは、何か特定の人だけが優遇を受けている、もちろん、様々な理由でお子さんがいらっしゃらない方もおられますし、介護の必要のない方もいる。それぞれのライフスタイルも違いますし、そうした中で、ある人だけが優遇されているというようなことにならないようにという点にも配慮しなければならない。

周りの社員の方々への不公平感みたいなものにつながらないようにするにはどうしたらいいかということも、それは研修の一環として、会社全体の企業価値の向上のために、いかにして効率的にリソースを配分していくかという観点で、そうした取り組みが必要なんだということを理解してもらう努力をしました。これはなかなか腹落ちしない人も中にはいると思いますが、でも、これは必要なことなんだということで進めていったということです。

一方で対外的な取り組みの「なでしこ銘柄」の選定は、2012年度から実施しているものです。当時、女子サッカーのワールドカップでなでしこジャパンが活躍したというようなこともあって、女性活躍推進を進めている企業を取り上げることにより、上場企業の方々に対しても、それがある種のモデルケースみたいな形になればいいなということで、「なでしこ銘柄」を選定して、広く公表していくこととしました。

たまたま、これは経産省さんの政策にも合致したため、共同で推進することでスタートしました。この「なでしこ銘柄」はおかげさまで、非常に積極的に取り組んでいただける企業が増えてきて、これは、その後に続く「健康経営銘柄」でもそうなんですが、ちょっと自画自賛かもしれませんが、ESGだとかSDGsへの先駆けみたいな形で取り組めたのではないか思っています。

「なでしこ銘柄」、「健康経営銘柄」に選定された企業の方々と話をすると、ホワイト企業と認識をされ、就活で学生に人気が出て、応募者が増えましたというようなお話をいただくことが多くて、こうした取り組みをして良かったと思います。

パフォーマンスという意味で、例えば、経産省さんのウェブページでは、「なでしこ銘柄」とTOPIX（東証株価指数）のパフォーマンスを見ると、「なでしこ銘柄」のほうがパフォーマンスは上がっていますよというようなデータも示されているんですが、実際にもっと定量的に、ダイバーシティー、女性活躍推進を進めることによって、定量的にパフォーマンスがこれだけ良くなっているということの研究というか、そういう実績みたいなものが増えてくれれば、より説得力があると思います。

ただ、これはいずれにせよ、パフォーマンスそのものよりは、時代の要請というか、当然の流れかと思っていますので、こういった流れが、結果として、今のESGやSDGsにつながっているのではないかと考えています。簡単ですけど、私からは以上です。

姜　貴重なお話をありがとうございました。今回、宮原さんに座談会にご参加いただくということで、東証のＨＰを丁寧に拝見し驚きました。というのも、私、お恥ずかしながら、東証の取り組みがそこまで進んでいると存じ上げなかったので。

宮原　東証自身、宣伝が下手なものですから。

姜　お話を伺いまして、まず、個人的な原体験ですね、広島やニューヨークでのご経験があるからこそ、ご自身が組織をマネジメントする立場になられたときに、組織人としていかに変革していくか、いかに原体験を現場で活かしていくかというところにこだわられた。特に、２００９年の常務執行役員になられてからと２０１３年の統合以降、時間をかけてつくられてきた制度ということがよくわかりました。具体的なシステムを整備するにあたり、随分議論されたのではないでしょうか。

宮原　議論は人事部のスタッフ、経営とはよくしました。当時のＪＰＸのトップの方々が背中を押してくれたというか、どんどん進めていこうというような理解がありましたので、やりやすかったというところがありますね。

姜 こういったことが、若手の学生たちの就職先にも響くと思います。いわゆるゼット世代とかミレニアル世代と呼ばれる若い学生たちは、なでしこ銘柄や健康経営銘柄に選定される企業のような自分の人生を豊かに生きるということに重きを置いて就職先を考える人が多いものですから。そういった先進的な取り組みを、宮原さんがお進めになったんだなというのを聞いて、感動しております。

宮原 いやいや、感動していただくほどのことではないんですけど。ただ、多分、後ほど話が出てくるESGとかSDGsは、恐らく、時代が要請しているんだと思うんですよね、ジェンダーの問題も含めて。それを聞き流すのではなく、本当にきちんと、どうやって制度としてうまく落とし込めるかというのは、企業経営にとっては非常に大事なことではないかなと思います。

姜 東証で具体的にそういう制度を浸透させようとしたときに、女性だけではなくて、男性側にも研修を行った。特に、管理職、マネジメント層に対して、なぜそれが必要なのかしっかりと研修を行ったということですね。さらに、不公平感を解消する必要がある。これは、議論が難しいと思います。皆さん立場が違いますし。バックグラウンドや年代別の生き方の違いによって意見が割れるものですから。この辺りの不公平感を解消するために、全社的に積極的に研修を行ったというところについて、もう少し具体的にお聞かせいただけますでしょうか。

宮原　育児や介護に関係のない方もいるので、そういった方々が本当にどういうふうに思っているかというのは、労働組合とも話をしました。実際に、人事を通じてアンケート的なこともやりました。本音というか、そういった声も聞いて、そのうえで、押し付けるのではなくそういった意見もわれわれは十分理解はしているんだけれども、やはり、これは推進していかなければならない事・施策なんですよということを、繰り返し話をしていきました。労働組合の幹部にも理解をしてもらって進めていきました。

本当に社員全員が、皆さんどこまで腹落ちしているかというと、それは、個人的にはそれぞれ思いはあると思います。けれども、ただ、それなりにこういう制度を進めるという中では、トップが、さっきもお話ししましたように、われわれが、軸がぶれずに、必要なことなんだということをきちんと言い続けるということかと思います。

ただ、一部の社員の仕事が増えることになり残業時間が増えたり、休暇が取れないということになると、これは本末転倒みたいなことにもなりますので、休暇、有休をきちんとみんなが取得できるような取り組み、そういうことについては、管理職のマネジメントとしての大事な能力の一つだということを理解、認識してもらうことを、研修も含めて並行してやっていくということです。

姜　はい、ありがとうございます。ダイバーシティ経営を経営理念に盛り込んでいる会社は多いのですが、改めてこういう「理念」とか「想い」を組織に浸透させるときに、トップのコミットメントと、あと、マネジメント層や社員の方々のエンゲージメントが重要だと感じました。

第2部▼座談会

姜　質問1では、宮原さんに、組織人としていかにして東証での取り組みを進めてこられたかについてお話しいただきました。ここからは、御三方のご意見を、それぞれの質問に対してご自由におっしゃっていただければと思います。

質問2．男女雇用機会均等法施行以降、職場での男女平等を確保し、家庭と仕事が両立できる環境を整えようと、官民において様々な施策が取られてきました。昨今のESG投資やSDGsの実践に関連して、ダイバーシティー経営の促進やジェンダー平等を積極的に求める動きをどのように捉えているのかお聞かせください。

姜　それでは、まず岩田さんからご意見をお願いできますでしょうか。

岩田　私は、宮原さんと同じ世代ですが、女性の立場で申しますと、就活の段階で、同期の男性に負けてしまうのです。就職試験のチャンスすら女性に与えない企業ばかりで。ようやく就職できたとしても、もうその段階には、とにかく男性に負けないように仕事をしていこうという思いでいっぱいでした。本日、宮原さんのお話を伺って、ＪＰＸが取り組んでいる内容を聞くと、正直、うらしやましいと思ってしまいます。制度やシステムを変えて、働きやすさを追求していく企業の姿勢は、当時、いつ（結婚して、子供ができて…）辞めるのか、と毎日聞かれた身としては、時代がなんと変わったことかと驚きます。

宮原　なるほど。

岩田　それから、「働きやすさ」のためのシステムができたとしても、そこに安住してしまい、企業内、企業間での競争に負けるということが起きてしまわないでしょうか。私は、大学卒業後、たまたま外資系に入ったものですから、終身雇用ではなく、負けると首っていう環境で育ってしまったので、そういった雇用や働きやすさを守られているシステムがあるということがすごくうらやましい。一方、「甘い」というように考える人も出てくると思います。つまり、競争社会の中で「働きやすさ」のみ追及するのは大丈夫かという心配があることも事実ではないでしょうか。

それから、ＥＳＧ、ＳＤＧｓというのは、私は、ＩＲとコーポレートガバナンスの分野におりますので、やはり、これはすごく大切という位置づけです。特に、「Ｓ」の部分です。日本企業は、日本の男性たちの考え方のシステムがずっとできあがっていますので、これからは、いろいろな発想を創出させ、それについて議論することが期待されています。その結果、イノベーションにつながってくると思うんです。よって、今の日本企業には、何がなんでも、「多様性」が必要です。そういった意味での、女性の発言権を大きくしないと、日本はさらに世界に負けることになると、ひしひしと感じております。

姜 なるほど、ありがとうございます。では、三和先生、お願いします。

三和 私は、男女雇用機会均等法の翌年に野村證券に入社しました。一般職で入社をして、2年ぐらいたったときに、総合職希望を申し出ましたが、かないませんでした。総合職への試験を受けられなかった理由が明確ではなく、理不尽だと感じた記憶があります。

また、家庭と仕事の両立について、私も子供が三人いて、子供たちが小学校にあがるまでは、毎日、精神的にも肉体的にもぎりぎりの中で生活していました。今は大分男性の育児への取り組みも進んできていますが、でも女性のほうが負担が多いのではないでしょうか。女性が安心して働ける環境をつくらないと、本当の意味での男女格差とかジェンダー平等というのは成し得ないのではと思います。

それから、最近のESGとかSDGsについてですが、ESGウォッシングなどといわれるように、一種ブームの様相を呈しています。しかし、歴史を振り返ると、アメリカで機関投資家等が、Eの問題とかSの問題について物をいい始めたのは、1970年代です。これは、アメリカで公民権運動やベトナム戦争への反対運動が盛んになったことが背景にあります。また、環境問題でいえばレイチェル・カーソンの『沈黙の春』（1962年）がきっかけだと思います。市民社会の意識の変化、アウェアネス（Awareness）が根底にあると思うんですね。

ようやく、この日本の中でも、ゼット世代と呼ばれる若者たちがムーブメントを創りつつあります。これだけグローバルに情報が行きわたっていく中で、人々、特に若者の意識変化が今後のESGやSDGsを推進していくのだろうと思います。世の中を変革する意識は、すぐに終わるブームではないと思います。それから、後から出てくる質問3や4につながるかもしれませんが、結局は、私たちの今、資本主義というシステムの中で社会も成り立っていますので、資本主義においては、個人の経済的利益を最大化するということが目的となります。しかし、ここにきて、それで幸せになったのだろうか、と皆が疑問を持ち始めてきているのだと思います。

今までの世界の中では、豊かさ＝GDPという形で表されてきましたが、GDPで数値化できないところ、例えば自然の美しさなどを犠牲にしてきたのではないかと思います。今までの私たちは、人間と自然を別物としてとらえ、自然から様々なものを搾取して生産活動を行ってきましたが、人間も自然の多様な一部であることにようやく気付いたのだと思います。だからこそ多様性が重要視され、尊重されるべきなのではないかと思います。という意味で、ESGの根底には「多様性への理解」が必要だと思います。

姜　はい、ありがとうございます。先ほどの宮原さんのお話に対して、岩田さんから「甘い」とのご指摘もありましたが、質問2に関して、宮原さんのコメントをお願いできますでしょうか。

宮原　岩田さんの甘いという指摘がよくわからなかったんですけど、どういったところが甘いということなんでしょうか。

岩田　規則、システムができて、会社が守ってくれる、この守られているということが、私の若い時代には、誰も守ってくれなかったので、甘いと思いました。

宮原　そういう制度をつくっていること自体が甘いっていうことではないんですね。

岩田　そうではなく、誰も守ってくれなかったという過去があるので、制度として守られてうらやましい、逆に、守ってくれることを当たり前と考えて、それに甘んじて努力しないということはないだろうか、という新たな心配です。

宮原　でも、そういう守られていない中で生き残られてきて、今、おありになるんですから、それだけ競争力がおありになったっていうことなんじゃないですか。

岩田　それは、娘の世代にいわせると、「無理をしていることがよくない。苦労したことを自慢されても困る」ということです。さきほどもクオリティ・オブ・ライフの話が出てきましたが、「犠牲にしているものがたくさんあってはいけない」という指摘だと思います。私も、最近、そのようにやっと思えるようになってきました。

宮原　先ほど三和さんがおっしゃったように、きっとＥＳＧだったりＳＤＧｓというのはブームではなく、時代がそういったものを要請しているというか、持続可能な社会になるためには大きく変わろう、変わらなければ駄目なんだということではないかと思います。

そういう中でＳＤＧｓだとかＥＳＧという動きが出てきたと思うんですが、少し視点を変えて言えば、ＥＳＧということを意識する中で、私が一番大事だと考えるのはＧだろうと思います。Ｇがきちんとしていないと、ＥやＳに対してどういう取り組みをしていくかということが、ぶれる可能性があると思います。Ｓだけに特化するとか、Ｅだけに特化するような対応をしている企業も、中には散見されますが、やはりＧが確立されているということを前提に、ＥやＳに対してどういう対応をするかということが、求められていると思います。

それと、女性という視点からいくと、まさにＥＳＧだとかＳＤＧｓという領域においては、女性の活躍の場というのは相当あるのではないかと思います。別に男女の比較をするわけではありませんが、ＥＳＧだとかＳＤＧｓに対する感性というのは、女性のほうが豊かなのではないかなと、私は個人的に思っています。が、そういう意味でこの３番の質問にも踏み込んでしまうかもしれませんが、資本市場における女性の活躍のフィールドの広がりという観点では、このＥＳＧだとかＳＤＧｓというのは、まさにこれから女性が資本市場の中で活躍できるメインストリートになってくるのではないかなという感じはしています。

さっき三和さんがおっしゃった、いわゆる「見えない価値」というんですかね、そういった意味からも、例えば、今までは、ＢＳだとかＰＬという財務数値で見える所が資本市場の中では中心だったと思いますが、いわゆる非財務情報というのが、ここ何年かの間にものすごく重要視されてきたというところもあって、そういった意味でも、企業の価値を見る場合でも、大きな転換が行われているのではないかなと思います。

三和　今、宮原さんがご指摘されたこと、本当にもっともなことだと思っております。パフォーマンスとの関連について、もちろん、ファイナンスの世界はどうしても数字で女性の活躍と株価やＲＯＥなどの関連性を示すことが求められます。

しかし、これは短期的に結果を求めるものではないと思います。むしろ中長期的にどのように変わっていったかということを見る際に、従業員の満足度や企業文化などの影響を見るというような研究が必要かと思います。

宮原さんに質問なんですが、さきほどクオータ制の話が出ました。日本の企業は、クオータ制というと、現実には難しい、またどのようなパフォーマンスにつながるのかわからないからしないという消極的な姿勢を見せています。宮原さんはこの問題に非常に早くから取り組んでこられて、実感できるような効果など、何かありますでしょうか。

宮原　当社自身も、いわゆる総合職・一般職みたいな話をすると、２０００年から女性の総合職を採用したということで、まだ20年しかたっていません。いわゆるプロパーで入った女性が今、次長クラスですが中途で採用した女性が部長クラスに、今、四名ぐらいいます。

私が課題として思っていたのは、女性の総合職として入った1期生、2期生、3期生というか、その人たちのモデルケースになるような女性たちが、彼女たちが入社したときにいなかったので、そういう意味で、中途採用をした女性がそういうモデルケースになればいいなと思いました。

並行してクオータ制については先ほども少し触れましたが、単に数合わせみたいにして、げたを履かせて、結果としての数字だけ求めたのではないかと。それこそ、周りから見ても、当事者もげたを履かせられて上がったのではないかというふうに思われるということも、これはこれでかえってマイナスだと思います。ですので、クオータ制を採り入れると同時に女性社員に対して成長の機会を設けていく取り組みが大事になってきます。取引所というのはどちらかといえば内向きな組織ですので資本市場や取引所というのを客観的に見る視点や経験を養うということが大事な点だと考えました。

そこで、もっと広い視点で、取引所や資本市場ということを考えるという意味で、外部の機関に出向者をどんどん出していこうということで、多くの企業や官公庁等にお願いをして出向者の受け入れをしてもらいました。もちろん、留学や海外の駐在員事務所にも出しています。そういう経験や活躍の場を与えることによって、取引所ではできない貴重な経験や広い視野を養って戻ってくる。

クオータ制は私自身は、本当は、個人的には、あえて設ける必要はないのかなと思ったんですが、一方で、コーポレートガバナンスも形式から入って、まず、それを実質に移していこうということで、ある程度形式的な対応をしながら、生じた問題、課題を解決しながら取り組んでいくというやり方もあるのかなと思いますので、クオータ制そのものを否定するつもりもないです。欧米あたりでは法律で取締役の40％を女性にしなければいけないという動きもあるわけですから。

その辺のところは、企業経営者として本当に悩むところだとは思いますけれども、やはり、一回悩む価値のある課題ではないでしょうか。

三和　ありがとうございます。

姜　私からもよろしいですか。実は私も、先ほどの宮原さんの広島の原体験のお話と似た経験がございます。大学教員として東京から単身赴任の形でこちらの浜松に来まして、今6年目。その中で気づいたことがたくさんあります。所属先は技術系大学院大学なので、先ほどのJ-POWERと同様に、9割方は技術系の方です。社会科学の人間自体が少なくて、せいぜい1割。1割いたとしても、資本市場を意識して何か話をする人間は私しかいません。

「資本市場ってそもそも何？」という感じで。教員も9割方男性で、女性は二人だけ。資本市場の意識はない、女性もほとんどいない。証券市場を活用して資金調達を図る上場企業の数が少ない地方都市に来ると、こういう状況なんです。カルチャーギャップを受けました。これが同じ日本かと。そして、とにかく焦りました。これじゃ駄目だ、と。ジェンダー平等だ、ＳＤＧｓの女性の活躍だなんて言っているのはごく一部の人たちだけ、ごく一部の地域だけ。この現状を目の当たりにして、これは自分たちが声を上げて動き出さなきゃいけないという気持ちで、三和先生や岩田さんを巻き込みながらＣＡＰＷ（資本市場と女性の研究所）の活動を立ち上げ始めたというのが、今回の企画の一番最初です。おそらく、東京にいるだけならこの活動には至らなかったと思います。

そういった私の立場から言いますと、先ほど、宮原さんが東証の取り組みの中でおっしゃった、東京という場所だからこそ、機会が多い場所だからこそ、女性にもっと勉強させたり、海外に行かせたりということができるんだと思います。

あと、先ほど、ＥＳＧ投資とＳＤＧｓについての話のＳＤＧｓの実践に関するところで、恐らく、女性のほうが感性的にマッチする部分が多いから、彼女たちがそういう所をきっかけに活躍する場を広げる可能性は大きくなるんじゃないかということをおっしゃいました。実は、私も同じことを考えていたんです。ＳＤＧｓ推進により女性の活躍の場が広がると。

そこで、私が博士論文指導している学生と共に、その学生の所属先でもある浜松に拠点をおく信用金庫職員の皆さんに対してＳＤＧｓの浸透度調査を実施したんです。約１９００名の社員の内、１３５４名の回答を得ました。その内容は学術論文として外部発表もしているんですが、われわれが期待するものと全然違う回答になりました。

というのは、直感的には、女性のほうがＳＤＧｓの様々な問題に対して意識が高く、それゆえＳＤＧｓ

の浸透度も高いと思っていたんですが、まったく逆。男性のほうがＳＤＧｓのすべての項目に対して認知度も高いし、自分の仕事や生活環境の中にＳＤＧｓを取り込むという意識も圧倒的に高かったんです。その理由を現在、学生と考えているところなんです。これは、たまたま浜松という土地柄、製造業が盛んな、ある意味、男性中心社会ですので、そういう結果になったのか、あるいは、東京と地方都市の違いなのかとその理由を考えているところです。

資本市場の話と離れてしまいますが、このＳＤＧｓの認知度に関し女性のほうが圧倒的に低いという現状について、どう思われますか。

宮原　ちょっと意外なのは、その信用金庫にお勤めの女性の意識として、ＥＳＧやＳＤＧｓに対する認識というのは、あまり高くなかったということなんでしょうか。

姜　いえ、違います。同信金におけるＳＤＧｓの認知度は、他の調査機関が実施している認知度調査の結果と比較して数値的には同等か高めでしたが、男女の差が大きかったということです。

宮原　私も東証時代によく地方に行く機会がありましたが、地方に行くと、日経新聞を読んでいる人はあまり見かけません。日経新聞を街中で抱えている人は、大体銀行とか証券会社に入っていかれますね。地元では地方紙のほうが圧倒的に多く読まれているということで、地方と東京は、やはり、資本市場に関する関心の格差というのは相当あると思います、私は正直。ここは教育の問題に関わってくるのではないかなと思っています。

先ほどのニューヨーク時代の話の続きになりますが、子供を現地校に入れたのですが、小学校1年生に入学した時の最初に出て来た宿題が、コインを含めた20ドル紙幣までの全部のお金を覚えていくことでした。

これは驚きました。あるとき、PTAがあって、「こういう宿題は、日本ではあまり考えられない」と言って、「算数の宿題でもないし、何の宿題なんでしょうか」と担任の先生に聞いたら、人生をこれから生きていくうえにおいて、お金とか資産形成というのはサバイバルキットだと。それくらい小さい時から、そういったものは重要だということを学んできているわけです。

それに比べて、日本はこのあたりの教育が相当遅れている。したがって一般の人の資産形成や資本市場に対する認識、理解があまりなく、自分とはあまり関係のない世界の話という感じを持っている人が多い。

姜　はい、おっしゃるとおりだと思います。しかし、さきほどの例では、信用金庫というまさに「お金」を扱っている職種に就く女性たちが男性たちほどはＳＤＧｓを自分事として認識していない点がひっかかった次第です。

宮原　日本の社会では人々の意識の中で技術、メーカー、物づくりみたいなものが大きなウエートを占めていて、金融や資本市場というのが、まだまだウエートとしては低いというか、意識をされていないというところも大きな問題だと考えています。

姜 ご指摘のとおりです。私も、資本市場の認知度が低いという現実を目のあたりにして度々落ち込みました。逆に言うと、だからこそ、ＣＡＰＷの活動を発信することによって、皆さんの資本市場への認知度を高めることができればいいなと思います。まさに「必要は発明の母」的な発想の転換です。宮原さんがおっしゃったように、教育って大事ですよね、本当に。改めてそれは感じております。なので、その一環として、今やっているこの研究が、できるだけ多くの方々、世の中の人たちの目に留まればいいなと思って取り組んでいます。

宮原 皆さんは講演をされる機会が多いと思いますので、積極的に、これから、こういう活躍の場があるんですよということをピーアールしていただきたいと思います。

姜 この研究内容は、書籍出版だけでなく、この内容を教育機関や産業界に教育のツールとして紹介していって、われわれだけでなく、今回インタビューに対応してくださった方々にも、ご講演とかご講義に登壇いただき、資本市場と関わってキャリアを積んでいくとはどういうことなのか、語ってもらう予定です。

ただ、繰り返し申し上げるように、都心と地方の格差は大きいので、東京だけじゃなくて、この問題を日本全国の問題意識として広めたいなという気持ちを強く持っています。

宮原　東証の社長を退任して上場会社の方とお会いすると、コーポレートガバナンスなどに対する率直なご意見をお伺いする機会が増えてきています。例えば、「ＥＳＧやＳＤＧｓって何だい」という話が結構、上場企業の会長さんとか社長さんなどからあります。説明をすると、「そういう専門家はうちにはいないよ」とか、「こんなこと、よくわからないよ」とおっしゃる方がいらっしゃいます。

ただ、「御社の海外の投資家の比率はどれぐらいですか」と聞くと、「３割近い」とおっしゃる企業もあります。「海外の機関投資家は、ＥＳＧ専門のアナリストが何人かいて、いわゆるエンゲージメントというか、対話を求めてくる中で、ＣＥＯはきちんとそれに対して受け答えができるようなことを求められていますよ」という話をすると、「それは困りました」「ＥＳＧやＳＤＧｓの専門家を、中途で採れない」というお話をされる方が、結構、最近多い。

「いやいや、そんな専門家の方は日本にはそんなに多くないですよ」と。日本でも若い人たちは、さっきのゼット世代だとかミレニアル世代ではないですが、皆さんとは発想だとか、考え、まさに、感性だとかが違うので、逆に社内で、「ＥＳＧやＳＤＧｓの勉強をしてみたい人」とか、「その分野の専門家になってみたい人」とかと言って、手を挙げさせてみたらどうですか。若い世代は自分事としてきちんと認識をしている方が多いと思いますので、社内の人材の育成、活用という観点から、そうした取り組みをしたらどうですか、ということを提案させていただいております。

姜　先ほど、信金の事例を紹介しましたけれど、ＳＤＧｓの件も、まさに自分事として腹落ちさせてから自ら動く人材の育成の重要性を感じております。

姜　それでは、質問３に移らせていただきます。

質問３．女性が働く場としての資本市場について伺います。

一つ目、資本市場が求めている人財をどのように定義しますか。また、資本市場が求める固有の資質、特徴があるとすれば、それらの点についてもお聞かせください。

二つ目、資本市場は女性たちの能力を活かしきれていると思いますか。また、女性に限らず、多様な人材を受け入れ、彼らの能力を活かしていると思いますか。

最後に、三つ目、資本市場に携わる女性と、他の業界に携わる女性で、仕事に対する意識の違いやライフスタイルの違いはあると思いますか。もしあるとすれば、その差異性や独自性はどこに起因すると思いますか。

姜　では、三和先生、お願いいたします。

三和　はい。この問いは、なかなか答えが難しいですね。先ほど、メーカーの話、物づくりの話が出てきましたけれども、女性の能力といいますか、男女、明らかに肉体的にも違うわけであって、そういう意味で、物づくりの現場よりも、資本市場のほうが適しているとも考えられます。ただ資本市場が女性を活かしているかというと、そうはいえないと思います。やはり昔から、証券市場というと、株屋のイメージも強く男性的な職場であったといえます。多様な社会を目指す中で、資本市場で女性の活躍ができることこそ、社会をより良き方向に変えていけると思います。

姜　ありがとうございます。今、質問1と2にご回答いただいたので、質問3に関してはいかがでしょうか。三和先生は、大学卒業されてからずっと資本市場に関わっていらっしゃるので、あまり他の業界の方と比べたりする機会は、もしかしたら少なかったのかもしれないですが……。

三和　そうですね、先ほどの宮原さんの、ＥＳＧにこれから関わってくる方を社内で育成するっていうお話についてですが、環境問題とか社会問題とかに対して積極的に学びたい人は、女性のほうが多いです。これは学生でも社会人でもいえることではないでしょうか。ＥＳＧ投資やＳＤＧｓが、資本市場とこれだけ大きく関わってくる中で、女性が活躍する場は今後ますます増えていくと思います。

姜　はい、ありがとうございます。では、岩田さん、お願いします。

岩田　そうですね、女性か男性かということを、逆にあまり言いたくないというか、そのどちらかということなく進んでいかなければと思います。すでに外資系企業では、男性か女性かという区分なしでの人事評価や採用条件をしています。

ただ、先日、ある銀行の頭取経験者の方が、「女性を使ってためになったとか、役に立ったということは今までなかった」とある取締役会でおっしゃっていたということを聞き、驚きました。そういった人材を銀行で育てなかったのか、期待に応えられた女性がいなかったのか、それだって、男だ女だというものではないと思うんですけれども。このような「女だから」駄目、といまだにおっしゃっている方がいるということは少々、ショックでした。

姜　あと、今の資本市場が求める人財をどのように定義しますかとか、資本市場が求める固有の資質や特徴があれば、それについてもお聞かせください。この質問をつくった意図は今後の教育を見越してです。大学等の教育機関で、ダイバーシティ経営や資本市場における女性活躍の講義を行うにあたり、資本市場の仕事に興味を持つ学生たちに話をするときに、具体的な人財の定義をお伝えできればなと思って、この質問を追加しました。

岩田さんのご経験の中では、資本市場が求める人財ってこういうものじゃないっていうのがあれば、お聞かせいただければと思います。

岩田　私は、資本市場の求める人財は何かとは、正直わからないです。私の関心は、やはり、取締役会における女性取締役をどう増やすかです。

姜　取締役会における女性の人材登用という話になると、これまた大きなテーマなので、きっと、ここにそろっているメンバーそれぞれ一家言、二家言あるとは思うんですけれども、どうでしょうか。岩田さん、せっかく、その話が出たので。

岩田　女性だからといって、女性ならではの感性を求める、というのは嫌だし、言われるのも嫌ですね。アニュアルレポートやガバナンス報告書でも、「女性ならではの感性を活かして、女性に積極的に働いてもらっています」というようなことを書いている会社もあって驚きます。というのは、女性らしい感性を持っていない私はどうなるのかしらと思ってしまうからです。

それから、取締役に関しても、女性だから選ばれるということが、今、そのようなケースが実際、多いです。また、最近話題のサステナビリティの点から言うと、女性のサステナビリティの専門家を取締役会に入れたいという要望が非常に多いように思います。そして、対象者がいない、だから、女性取締役を入れられないということのようですが。そうではなく、サステナビリティへの対処を経営として監督できる人ということが重要なのです。そのような点から見ると、資本市場ではそのような女性が育ちつつあると言えるかもしれない。そうなると、社外取締役候補が何年か経つとたくさん出てくるのではないでしょうか。

姜　では、企業経営のマネジメントをやっているような人たちに対して物が言えるようなサステナビリティの専門家はどのように育成したら良いのでしょうか……。

岩田　そうですね。それはすごい課題でありましょう。そのことが、姜先生と三和先生のお仕事と言えるのでは。

姜　はい。おっしゃるとおりですね。（笑）では、質問内容を戻しまして。宮原さん、質問3ですが、女性が働く場としての資本市場についてご意見を伺わせてください。

宮原　はい。岩田さんがおっしゃる女性だから、男性だからという分け方自体がナンセンスみたいなことが、わからないではないです。例えば、企業でいまだに、うちもそうかもしれないですけれども、国際戦略部みたいな、国際部みたいなものをつくって、これだけグローバルな世の中になって、外国とか国際だとか、そういう切り分けをすること自体、どういう意味があるんだろうというのと近いような気もするので。

ただ、私がこの何十年間か、株式市場というか、証券取引所の業務に携わってきて、やはり、接する機会の多かった女性はかなりいるなと思います。特に、国内外という意味でいえば、海外のほうが多いんですけど。ご存じのように、アメリカではシャピロさんがSECの委員長になったり、各国の証券取引所のトップ、クララ・ファースさんというLSEのトップになった女性もおります。海外から来られる投資家の方と時々お会いすると、結構女性の方が多くいらっしゃるということで、資本市場、特に外資系という言い方がいいのか、海外の資本市場に携わる方という言い方がいいのかわかりませんけれども、結構、女性が活躍しているのではないかなと思います。

やはり、私が知っている範囲のメーカーであるとか、そういった資本市場以外の業種の企業よりは、女性が活躍している姿を見かけることが多いのかなという感じ、印象はあります。

それで、一番、姜さんからこういう座談会の流れの質問をいただいて頭を痛めたのは、この人財の定義ということで、三和さんも岩田さんも、あえておっしゃらなかったんですけれども、私、これ、非常に頭を悩ませて考えていたんですが、なかなか定義しづらいんですけど、あえていえば、『資本市場という枠組みを活用して、人々の生活を豊かにするという意識を持つと共に、社会的課題の解決に向けて取り組むという意識を常に持ち続ける人』というふうに、夏休み中、考えていました。

三和　素晴らしい。

宮原　あえて定義するということであればです。そういう人であってほしいと。だから、それが「人財」の「財」の字にも当てはまるのではないかなという気がしました。

姜　ありがとうございます。素晴らしい定義だと思います。今後、資本市場の求める人財の定義として使わせていただきたいと思います。今、宮原さんがおっしゃったことを意識して資本市場に関わってくれる方が増えてくると、また大きく、この世の中というか、資本市場が変わっていくんじゃないかなと感じました。

三和　宮原さんや、姜先生がおっしゃるとおりですね。今はＥＳＧ投資はブームのような感じですけども、結局、資本市場、お金の流れで世の中や社会、もしくは地球環境をも変えられる場が資本市場だと思うんですね、今資本市場にはものすごいお金が集まっています。資本市場の人財を変えることで、そこに集まる人の意識も変化していき、社会や地球環境への意識も変わっていく、そんな流れを女性活躍によって、後押しするきっかけになることを期待しています。

姜　リーマンショック以降、特に、ミレニアル、ゼット世代が、資本市場から離れていく感じがなくはない。「お金」を扱う資本市場ではなくもっと、環境とか社会に対してダイレクトに貢献できるようなイノベーティブな、クリエイティブな仕事をしたいという思いを強く持っている若者たちが多いなって思うんですね、教育現場で見ていると。

それはなぜならば、資本市場が、巡り巡って環境や社会に結び付いているということを実感できないから。われわれ自身もそういった発信が足りなかったのかなと思うことがあります。ですので、まさに宮原さんに示していただいた文脈で資本市場の人財を定義することによって、社会的価値観とかにアンテナが立っている若者たちを、資本市場の仕事に振り向けるきっかけになるんじゃないかなと思います。

三和　今の話に関連して、若者たちは、広い意味での資本市場といえる、クラウドファンディングやダイレクトな地域振興や社会問題、環境問題解決策には関心を持っているような気がします。このような関心を資本市場でいかに活かしていくかっていうことが大きな課題だと思います。

姜　会社をゼロからつくり出すスタートアップやベンチャー企業のサポートをしていると、そもそもエクイティファイナンスを活用するという感覚が非常に薄いことに驚きます。

それは、根本的にファイナンスの知識が足りないからというところもあるとは思うのですが、一つの理由としては、今、三和先生がおっしゃったように、自分たちが持っている技術力や、社会的価値を生み出す創造力や、企業価値の源泉になるようなものを、資本市場で活かしていくという考えに結び付かないからだと思います。

だからこそ、お金の流れを、いかに自分たちの社会をより良くしようという動きと繋げて、地球環境や社会の中にうまく組み込んで、活用していくという意識を高める必要性を感じます。そのためには、資本市場、ファイナンス、金融教育をもっと広めていかなければと皆さまのお話を聞いていて改めて思った次第です。

では、質問３の続きについてですが。

宮原　他業界からの受け入れの話ですが、これはぜひ皆さんに教えていただきたいのですが、例えば、東証、ＪＰＸで中途採用を募集すると、基本的に弁護士、会計士、システムに携わっていた方、大体この大きく３種類の業種に分類されるんですね。それで、日頃お付き合いをしていた証券会社や機関投資家の方々と話をしても、中途採用ですと言っても、同じ業界から来ている方が結構多くて、当然、銀行出身で証券に来ましたとか、証券出身で今は銀行にいますという人もいますが、広い意味で同じ資本市場間の移動というか。

逆にメーカーやまったく違う、私がいたJ-POWERや石油のエネルギー業界出身者という人は本当にマイナーというか、ほとんど見かけない。しかし、それに比べて銀行や証券会社の人が事業会社に行くことは多い。お会いした方が、「私、実は何々証券にいました」とか、「私、何々銀行出身なんですよ」という方、結構いらっしゃいますが、なんとなく、資本市場というか、資本市場の業界の敷居が高いのか、さっきの教育の問題との関係で、ちょっと遠い世界なのか、一般の人からすると。そういったことをお感じになっているのかなと思います。

姜　証券会社ではありませんが、異業種から金融投資会社に転職したということであれば、自分の実体験についてお話をさせていただきます。私、大学教員になる前の最後の勤務先が米系金融機関なのですが、その前は、移動体通信の事業会社に在籍していました。

宮原さんの括りでいえば、もともと大学時代に会計・監査とか勉強していたので「会計」のバックグラウンド人材になるかもしれません。事業会社では、経理統括部で有価証券報告書をつくったり、財務調達本部で資材の調達したり、お金周りには関わっていました。事業会社在籍時から、ある年齢になったら研究者に転身しようと考えていまして、その際は、研究テーマとして「ＩＲ」を扱おうという想いがあったので、ＩＲを研究するなら、企業側だけでなく、投資家側に行って資本市場を見たいという思いが強くなり米系金融機関に転職しました。

とはいえ、投資家サイドに行くにあたり助走期間がありまして、その間、社会人大学院に通ってファイナンスの勉強をしました。

投資会社で担当していたのは不動産投資です。証券化ビジネスですので、会計、税務、ファイナンス、法律的な知識、あと、プロジェクトマネジメント能力が求められました。これが、たまたまですが、事業会社にいたとき一通り経験していた業務でした。事業会社から金融投資会社へ移る際、一瞬、その精神的な敷居は高いかなと思ったのですが、今後の研究のことを考えると投資家サイドに立って資本市場を見たいという気持ちが強かったのでそのハードルを越えることができました。未体験のことにトライするのが好きな性格というのもありましたが。

そして、金融側に移ったときの周りの反応なんですけど、皆さん非常に驚いていました。「なぜ事業会社にいる人が、いきなり米系金融機関に入れちゃうわけ？」と。宮原さんがおっしゃったように、資本市場の関係者が事業会社に移って、ＩＲを担当したりするというのはよくあるパターンかもしれませんが、その逆パターンは少ない。敷居が高く感じたという意味では、まだまだファイナンス教育を受けている人間が少ないということだと思います。これがまず、教育を受けたかどうかの敷居、というか壁。

あと、私自身、事業会社から金融側に移りその業務内容を実際に経験して感じたのは、金融会社の業務は、一つひとつの専門分野がとても細かく区切られているなということです。米系金融なので、今時でいう「ＪＯＢ型雇用」が浸透していたからでもありますが。金融機関自体は事業会社のように複雑なサプライチェーンを持ちませんので、事業会社でジェネラリスト的にいろいろやっている人間が、金融・証券業の中で「数字」を扱いながら、非常に専門的な深い仕事に興味を持つのかどうかというのも一つの壁になっているんじゃないかなと思いました。

宮原　ありがとうございます。やっぱりそうですか。

姜　岩田さんの会社の方々はいかがでしょうか。

岩田　弊社は、資本市場の中でも、周辺ビジネスですから、金融機関とは違うかもしれません。弊社のコンサルタントには、パナソニックやローソンなどの事業会社からの出身者もいて、事業会社の事情と金融市場の両面を知っている。このことは、顧客企業にとってもすごく魅力的にうつっているようです。

宮原　そういう意味でもっと行き来があるといいですよね。

岩田　そうですね。

三和　資本コストという言葉だけとっても、これはファイナンスにおいては共通言語みたいなものですが、企業経営に携わる方の中でも慣れていない方もいらっしゃいます。今、企業と機関投資家のエンゲージメントということで「建設的な対話」が求められていますが、資本市場、機関投資家と対話をするには、まず共通言語としてファイナンス用語を理解する必要があると思います。そのうえで、持続可能性やダイバーシティを議論していくべきだと思います。

宮原　それはおっしゃるとおりで、東証で、2015年の6月からコーポレートガバナンス・コードを導入したときに、例の伊藤（邦雄）先生の「伊藤レポート」が、ROEを8％っていう一つの基準を示したわけですね。それをある程度、東証のコーポレートガバナンス・コードの中でも「株主資本コスト」と関連づけて、使わせていただいたりしましたが、ＲＯＥという財務数値というか、そういう経営数値ということに対しての理解、認識は、今と比べると当時は低かったと思います。

ましてや、上場企業の経営者のレベルにおいても、「ＲＯＥってなんですか。どういう意味があるんですか」と聞かれたことが何回かありました。しつこくＲＯＥ、ＲＯＥと言い続けた結果、経営層レベルではそれなりに浸透したと考えていますが、先ほどの取締役会のガバナンスの話ではないですが、少なくとも、経営に携わるようなガバナンスの一員になる人が、それなりの財務数値や経営数値というものに対しての知識というかリテラシーは、当然のこととして必要なんだろうと思います。

そういったことを、今まであまり意識せずに来たのが、日本の企業だったのではないかと私は思っています。

アメリカで、２０１９年に、ラウンドテーブルが「企業の目的に関する声明」というタイトルで、株主資本主義の見直しを表明しました。すると、日本の上場企業の何人かの方が、「ほら見たことか」と。「日本は昔から三方よしでやってきたんだ」っておっしゃっていたんですけど、三方よしの中に株主はいないんですよね。株主を意識していなかった多くの日本の企業は、コーポレートガバナンス改革の取り組みを通じて、やっと株主だとか株式市場だとか資本市場というのを意識し始めた段階でした。アメリカはもっと振り子が振れ過ぎていて、もうちょっとステークホルダー主義というのも見直して採り入れていきましょうよっていうことになっているのとは状況が違うように思います。それなのに、ここでまた日本が、大きく、ほら見たことか、三方よしだのステークホルダー主義だの、それが日本的経営だという所に戻ることに対しての懸念というのはあります。

岩田　三方よしの議論は、私たちもよくやっています。私から見ると、日本の多くの方の議論は、三方よしというのは、メリットがあれば3等分し、デメリットが出てきた場合、みんなで痛み分けをする、つまり、みんなで傷をなめあう、そうすることが大切、といっているように見えます。そうではなく、三者の、株主を入れるとすると四者になりますが、その四者の将来のリスクをどうやってみんなで削減していくかという議論になっていただかないと。何か、株主のことを無視して、三者で肩寄せあっていればいい、株主なんて無視していこうというように見えてしまって……。

宮原　少し心配しています。

岩田　本当に危険ですね。

宮原　またここに来て、実際にＲＯＥの数値が上場企業全体で下がっていますし、コロナの影響もあるのでしょうが、意識として、当たり前の意識として持ち続けるということが、経営としては大事だと思います。

姜　企業側に立って、企業経営者は資本市場（機関投資家）とどのように対話したらよいのかということを長らく考えているのですが、結局、サラリーマン経営者で、自分が上場の場面に関わっていない人は、株主に対して説明責任を持つという意識は、なかなか芽生えないというのが正直な感想です。

自分自身が企業を上場させた、日本電産や京セラのような起業家経営者は当然、なぜ市場と対話をしなければいけないかというその重要性を肌身をもってわかっているのですが。サラリーマン経営者で、二代目、三代目になってくると、その意識は随分低い。起業家であるオーナー企業経営者とは熱量が全然違う。

宮原　おっしゃるとおりですが、一方で、オーナー企業の経営者は、真摯にというか、真剣に機関投資家の方々だとか株式市場に向かい合うっていうのは、恐らく、自分の株式保有比率が極めて高くて、株価がそのまま自分の資産だとか財産に影響して、配当にも影響するいうところも、当然、あるんだろうと思います。

姜　はい。もちろんそれはあります。しかし、結局は、対価としての資産価値より、自分が育てた事業価値を想う熱量の違いと個人的には感じています。

岩田　ただ、今回のコーポレートガバナンス・コードの改訂版には、サステナビリティの考え方が入っており、これこそが日本企業のイノベーションを生む力になるとしています。さらに、多様性も一層期待されています。このことによって、いくらサラリーマン経営者であっても、サステナビリティを意識せざるを得ない、多様性に取り組まざるを得ない、つまり、変わらざるを得ないとなってきた。よって、今回のガバナンス・コードの改訂版は、なかなかな内容であると思っています。

さらに、こういった変化で、経営への発想も変わって、もっと環境負荷を減らしてさらに利益を生みたいとか、同時に資本効率を良くしたいと自然になっていくのではないでしょうか。

宮原 あとは、さっきの機関投資家のお話ではないですが、機関投資家なり、海外の投資家も含めてですけれども、投資家が直接話をしたいのはＣＥＯですよね。

岩田 そうですね。

宮原 だから、投資家からすれば、ＣＦＯには財務の数値の確認をするのですけれども、自分の企業経営に対するビジョンだとか、リスクをどう考えているのかとか、そういったことをＣＥＯの口から聞きたいわけです。ですから、サラリーマン経営者であっても、ＣＥＯになった以上は、好むと好まざるとに関わらず、そういう場に引きずり出されますから、特に海外投資家比率の高い企業のトップは、これは対応せざるを得なくなるのではないでしょうか。

岩田 あと、利益を生まない、イノベーション力がない、といった企業はどんどん淘汰されていきますから、さすがに焦ってくると思います。

姜 なるほど。先日拝見した『企業会計』の座談会で、オムロンの安藤さんが、「今回の改定版のコーポレートガバナンス・コードは経営の指南書だから、トップ経営者はしっかりと目を通しなさい」ということを、おっしゃっていたと記憶しています。

岩田 本当にそう思いますよ。この改訂版は、経営の教科書としてもヒットではないでしょうか。サステナビリティが入ってきて、えっと思う人もいたかと思いますが、やはり、日本企業は変わらなくてはならないのです。日本企業は大きなターニングポイントを迎えていることをきちんと反映させてくださったと。これは、宮原様にお世辞を言っているわけではないですよ。

宮原 はい、私は途中で道半ばでしたから。

姜 では、最後の質問です。

質問4．女性活躍推進並びにダイバーシティ経営促進の到達点（目標地点）はどこだと思いますか。

姜　まず、三和先生からよろしいですか。

三和　女性活躍到達点、目標地点っていうことですが、先ほどのクオータ制の話じゃないですけれども、一回はクオータ制を行ってもよいのではないかと思います。ドラスチックに変えていかないと、なかなか変わらないんじゃないかという思いがあります。

欧州の事例を見ると、ヨーロッパ諸国は、取締役会の女性比率が3～4割です。これは、クオータ制を入れて、5、6年かかってやっと達成した結果です。クォータ制のない米国では株主が積極的に働きかけています。それでも2割程度です。人口構成なみに女性の働く環境を整えるには100年くらいかかるかもしれないですね。理想としては、人がそれぞれスキルを持っていて、その人に仕事を付けていくことだと思います。それが組織として成り立って、会社として成り立っていくということができることが、非常に多様な価値観、多様なスキルを活かせる社会だと思います。私が生きている間には、多分、なっていないと思うんですけど、長期的にはそういうのが理想なんじゃないかっていうふうに思っております。

岩田　弊社の有識者会議のメンバーに入っている高山が、ガバナンス・コードが日本においてできるのは、自分の生きている間はないと思っていたのに、とよく言っていますので、それはあるかもと思いますよ。

三和　そうですか。あるかもしれないですね。はい、ありがとうございます。

岩田　私は、到達点は、やっぱり、日本経済新聞社論説委員兼編集委員の小平さんが、「ＥＳＧっていうことはなくなるぞっていったときが真の到達点だ」っていったのと同じように、ダイバーシティーっていう言葉がなくなるときが到達点だと思います。こういう議論にならないようにすれば。

姜　なるほど、ありがとうございます。では、最後に宮原さんの考えをお聞かせください。

宮原　私も岩田さんと同じことを言おうと思ったのですが、女性活躍推進だとかダイバーシティというのが、経営課題にならない時代というのが到達点だと思います。その前の段階をあえて言えば、社員の満足度が向上することによって、最終的に企業価値が向上するというところが、その前の段階かなと思っています。

その企業価値の向上というのは、さっき三和さんがおっしゃったように、非財務的な部分でもそうかもしれませんし、ＣＳＶ的な、そういった観点で、本当に社会的課題を解決することによって、それが収益に結び付いていると。そういったことでもいいのではないかと思いますけれども、最終ゴールは、こういったものが、経営課題だとか座談会のテーマにならないというのが最終目的じゃないでしょうか。

姜　そうですね。最後、すべてまとめていただきありがとうございました。それでは、ちょうど時間になりましたので、これで座談会を終了とさせていただきます。本日は貴重なご意見を聞かせていただき、誠にありがとうございました。

宮原《みやはら》 幸一郎《こういちろう》　Koichiro Miyahara

株式会社東証システムサービス
代表取締役社長

1957年生まれ。1979年慶應義塾大学法学部政治学科卒業。1979年４月電源開発株式会社入社。1988年３月同社退社。1988年４月東京証券取引所入所。1994年６月ニューヨーク事務所長。1997年６月株式部信用取引課長。2000年６月総務部広報室長。2002年６月総務部長。2004年６月情報サービス部長。2005年６月株式会社 ICJ 出向 代表取締役社長。2005年12月株式会社東京証券取引所 執行役員。2006年６月株式会社 ICJ 代表取締役社長退任。2007年10月東京証券取引所自主規制法人（現日本取引所自主規制法人）常任理事。2009年６月株式会社東京証券取引所グループ 常務執行役。2013年１月株式会社日本取引所グループ 常務執行役、株式会社東京証券取引所 常務執行役員。2013年６月同社 常務執行役員退任。2014年６月株式会社日本取引所グループ 専務執行役。2015年６月同社 取締役、株式会社東京証券取引所 代表取締役社長。2015年11月株式会社日本取引所グループ 執行役。2020年６月株式会社日本取引所グループ 代表執行役グループCo-COO。2020年12月株式会社日本取引所グループ 参与 。2021年４月株式会社東証システムサービス 代表取締役社長（現任）。

おわりに

「資本市場で活躍する女性たちを顔の見える形で広く世の中に紹介したい」という想い。これが本書の企画の始まりである。この想いはある種の資本市場に対する「焦燥感」から生まれた。

実務家・研究者として資本市場と関わってきた筆者が、大学教員転身後、縁あって赴任した大学は、日本を代表するモノづくりの街・浜松にある。戦後日本の高度経済成長を支えた科学技術の集積地であり、昔も今も、製造業中心の街である。金融業中心の東京都心とは180度異なる空間。それゆえ、金融資本市場の理論はほぼ通じない。これは、浜松に限ったことではない。世の中で資本市場を意識して積極的に関わる人は一定数いるものの、まったく資本市場を意識しない、あるいは、一生関わらずに生きていく人も多数いる。それがこの市場である。株式発行により資金調達を行う上場企業が多い都心を一歩離れると金融資本市場の認知度は低い。残念ながらこれがわが国の現状であり、この事実を突きつけられたショックは大きかった。しかし、長らく資本市場研究に関わってきた筆者にとっては赴任当初から「資本市場」が恋しかった。

浜松では、優秀な技術者たちが日々新たなイノベーション創出に勤しんでいる。イノベーションを起こすことは容易ではない。複雑な要素が絡み合い、時間をかけ生み出していくものである。しかし、時に偶然の産物として生まれることもある。その活動は、非常に難解でクリエイティブな活動である。そして、このクリエイティブな活動に従事する技術者・研究者たちのほとんどが男性である。時に、非常に優秀な女性研究者もいるものの稀で貴重な存在である。多くの女性が男性たちを支える裏方に徹している。筆者は、イノベーションの現場にほとんど女性がいないこと、多様性の無さに半ば呆れると同時に寂しさを通り越して怒りに似た感情すら湧いてきた。「女たちは一体どこで何をしているのだ?!」と。一方で、イノベーションを起こすタフな「女性たち」に日を追うごとに会いたくなった。

長期間にわたり経済が低迷し閉塞感に苦しむ日本に必要なのは言うまでもなく「イノベーション」である。そして、このイノベーション創出の源泉は「人」である。様々な「人財」が、インクルーシブな環境の中で自由で多様な発想をぶつけあい生まれるのがイノベーション。数字では表現できない、人間の内面に踏み込んで初めて明らかになるイノベーションの源泉。そんなイノベーションの源泉を持つ人々の「顔」をしっかり見たいと思った。ここ浜松には驚くような技術力を持つ男性イノベーターたちがたくさんいる。そして、彼らは事業を起こし、資本市場との接点を探るようになる。しかし、その距離は遠い。物理的ではなく精神的な距離感である。一方で、資本市場で新たな価値を生み出す女性たちや、様々な事業活動を資本市場と結び付けようとする女性イノベーターたちもいる。

同じ国内にいながら、それぞれの素晴らしい世界を知らずに、両者が交じり合わないのは大きな機会損失である。ここで、ハタと気づいた。イノベーションの要諦は「新結合」であると。異なるものと異なるものが掛け合わさることで新しいものが生まれる。両者にないものをまず知ること、これこそ、日本経済の起爆剤となるイノベーション創出の第一歩だと。

すると、筆者の中に様々な想いが沸き起こってきた。資本市場は、科学技術と社会の豊かさを繋げるパイプ役を担っている。そして、あらゆる産業のゲートウェイである金融資本市場と関わりながら、イノベーティブな活動をする女性たちはたくさんいる。この事実を広く世の中に紹介することで、資本市場と事業活動の現場の距離を縮めることができるのではないだろうか。それは、イノベーション創出を促し、ひいては日本経済の活性化につながるのではないだろうか。そして、資本市場に関わる女性たちの活動を広く周知することは、「古くて新しい課題」としていまだ日本社会で議論されている「ジェンダー平等」や「ダイバーシティー促進」の議論に一石を投じるのではないか、と考えた。

筆者はすぐに二人に相談した。一人は、生き馬の目を抜く金融資本市場で、自ら起業し広くコンサルティングビジネスを手掛けるイノベーター・岩田社長。もう一人は、長きにわたり金融資本市場を大所高所から観察し続けてきた証券市場研究のスペシャリスト・三和先生である。われわれはすぐに意気投合し、CAPW（資本市場と女性の研究所）を設立。そして、「資本市場で活躍する女性たちを顔の見える形で広く世の中に紹介する」活動にとりかかった。資本市場に軸足を置きながら女性の活躍状況を観察する本研究は、わが国におけるダイバーシティ研究の新たな地平を拡げることに貢献するだろう。

筆者は本書に次の三つのことを期待している。第一に、これから社会に出る学生の皆さん、並びに、自分のキャリアを見直している社会人の皆さんが、本書で紹介する女性たちの生き様から、自身の人生を切り拓くヒントを見つけ出すこと。第二に、企業経営者の皆さんが、インタビュー内容や宮原氏の言葉から、組織のダイバーシティ経営実践の秘訣を掴み取ること。第三に、これまで資本市場と一切関わってこなかった人々が、本書を手に取り、資本市場とともに生きる人々の人となりを知ることで、皆さんの資本市場に対する心の距離が縮まることである。

今回、インタビューや対談に快くご協力いただいた八名の方々には、この場を借りて深く感謝申し上げる。皆さんがこれまでの人生を振り返り丁寧に紡ぎ出してくださった言葉には力強さが溢れていた。貴重な話を惜しみなく語ってくださったことに重ねて御礼申し上げる。

また、本企画を進めるにあたり、『ダイヤモンド・ハーバード・ビジネスレビュー』誌の編集長を長らく務められた岩崎卓也氏からは多大なるアドバイスをいただいた。ここに記して感謝申し上げる。

さらに、本書出版にあたり、公益財団法人石井記念証券研究振興財団の「令和2年度研究助成金」のご支援をいただいたことに、厚く御礼申し上げる。

そして、厳しい出版事情の中、なおかつ、非常にタイトなスケジュールの中で、本書を出版する機会をくださった白桃書房の大矢栄一郎社長に心から感謝申し上げたい。

最後に、われわれの活動の第一歩として、本書を世に送り出すことができたのは、数多くの先人たちのご功績と本活動を支援しご協力くださった皆様のお陰である。ここに深く感謝の意を表したい。

浜名湖の畔の研究室にて
姜理恵

2021年12月20日記

珠玉の言葉

［第2部・第3部より］

小林和子

・私には「鈍感力」があった。自分の中の敏感さが、過敏になって自分を食いつぶすということはさせない力
・今の計画とちょっと先のこととは、違ってきて当たり前
・夢や希望はまったくとはいわないが、持たない、現実で考える。今生きている自分がいるということ、その現実が一番大きな立脚基盤
・何か考えていることは、文章にして書く
・辛いときはとにかく寝る
・人生は一回だけだと思っているから。可逆性はない、ただ一回の人生を生き抜くしかない

・良い友達を持て
・楽しみを味わう
・自由でないといや。自分の自由と他人の自由、自分の幸福と他人の幸福、ぜんぶ同じように実現してやっていけるとよい

首藤恵

・精神的な自立と社会的な自立の基盤は、経済的な自立にある。経済的自立を確立しない限り、自由な選択ができない
・人と同じようなことをやっていたら絶対不利。常に人のやらない分野に進んできた
・在外研究の経験は、研究を楽しむことの大切さを教えてくれた
・女性としての損と得は裏腹関係
・女性の進出を特別視する男性社会は息苦しかった
・息子達は最大の理解者
・若い人はたくさん迷えばいい。選択しなければいけないときにきちんと選択ができるかどうかが重要

・何か自分の軸がないといけない
・辛いときはひたすら歩く
・学問の裾野は広ければ広いほど望ましい。広い視野を持っていろんなこと勉強しなさい。広ければ広いほど高く登れる
・英語は下手でも使いこなせることが必要。若いときに海外に留学することが必要
・趣味を持っておいたほうがいい
・人の人生は生きられないから、ロールモデルはいない
・その場その場で、壁に突き当たった時に解決していけばいい
・多様性の少ない社会は脆い。多様性を認める寛容さがない社会は、いつか必ず滅びる

木村明子

・手探りでいい。一つひとつ目の前にあることに取り組む。後ろを振り返ればそこに道ができている
・今の女性に向けて…日本の窮屈な慣習や偏見や空気にとらわれず、「自分がどのように生きていきたのか」を自由に考えてほしい

・いつまでたっても、このように女性の社会的な地位の低い日本で、若い女性たちが怒り出さないのが不思議である
・日本はもっと真剣にダイバーシティを推進して、社会から息苦しさを取り除き、柔軟な考え方を受け入れるようにしないと、衰退の一途をたどることになる

岩田宜子

・勉強はすればするほど良い。どんな勉強も経験も、無駄なこと、損をすることはない
・第六感を大切にしながら仕事をしてきたが、これは過去の知識、勉強、知恵の上に成り立っている
・ベルサイユの薔薇のオスカルが荒くれどもの衛兵隊にいう言葉「そんなに女、女というな。嬉しくなってしまうではないか」が気に入っている
・いろいろなリスクに対応するために、多様性のある考え方が必要だ
・清く正しく美しく、そして強く

ハーディ智砂子

・人生30代半ばくらいまで、霧の中で自分探しの旅を続けていた
・「つまずいたっていいじゃないか、にんげんだもの」
・自信があることと実力があることにはまったく相関関係がない
・Follow your heart
・いつも思っていることは、サブコンシャスネス（潜在意識）に沈んできてものすごいパワーを持つ
・自分の将来に良いイメージを持つことが大事
・「着眼大局、着手小局」
・うまく言語化して外部の人たちに伝えることが上手くいかないと評価につながらない。英語による積極的なコミュニケーションが必要
・人間同士だから直接会話ができない会社に投資するのは不安

中島好美

・やらないで後悔するより、迷ったらやってみよう

・岐路に立った時に、より楽しそう、おもしろそうなものを選択し、その積み重ねの中で、私のキャリアがつくられていった

・ロールモデルも大事だが、それがすべてを解決するわけではない。自分の意思でチャレンジする気持ちが何より大切である

・女性だからチャンスがないのではなくて、チャンスがあるのを知らないだけ。なければ取りに行けばいい

・私たちに最短距離はない。いろいろな余計なことをしながら進んでいくしかない

・「私は失敗はしない。」失敗はそこから学ばないから失敗であって、どんなことでも学びがあれば成功だと思う

・人を育てることとは、自分が成長すること

・人間と人間の関係性は、糸を紡いでいくような感じだと思う。それぞれの立場や考えを尊重しながら、意見を交換すること、相手の考えから自分が触発されることなどから、自分一人でできること以上のものが生み出される

・ダイバーシティは、それぞれの個性、考え方、性別、国籍、信条などが異なる状態をいう。インクルージョンは、それらの人々が安心して、自己を表現して相手を尊重しあい、影響し合うことをいう。ここでヘルシー・コンフリクトが起こり、新しい考え方が生まれる

宝田めぐみ

・存在を豊かにするものは「人」「学び」そして「成長のための投資」、人間も企業も
・「継続は力なり、努力は必ず実を結ぶ」
・背中を押してくれる人がいることは、本当にありがたい。今度は自分が背中を押せる存在になりたい
・受けた恩は石に刻む。授けた恩は水に流す
・ダイバーシティに関して、「若者、よそ者、ばか者」を取り入れることで、イノベーションが進む。ダイバーシティへの意識改革は、女性だけではなく、男性にも必要。そういった取り組みが次世代の日本には必要

宮原幸一郎

・「私」の充実なくして「公」の充実はない
・ＥＳＧを意識する中で、一番大事と考えるのはＧ。Ｇがきちんとしていないと、ＥやＳに対してどういう対応をしていくかということが、ぶれる可能性がある。Ｇが確立されていることを前提に、ＥやＳに対してどういう対応をするかということが、きっと強く求められてくるだろう
・ＥＳＧだとかＳＤＧｓというのは、まさにこれから女性が資本市場の中で活躍できるメインストリートになってくるのではないか
・クオータ制を採り入れると同時に女性社員に対して成長の機会を設けていく取り組みが大事
・お金とか資産形成というのはサバイバルキット
・資本市場が求める「人財」の定義は「資本市場という枠組みを活用して、人々の生活を豊かにするという意識を持つと共に、社会的課題の解決に向けて取り組むという意識を常に持ち続ける人」

CAPWの活動紹介

1. 正式名称　資本市場と女性の研究所
2. 英文名称　CAPITAL MARKET & WOMEN LAB
3. 研究所設立日　2020年3月3日
4. 研究所（事務局）所在地　〒431―1202　静岡県浜松市西区呉松町1955―1
光産業創成大学院大学 姜理恵研究室内
5. 設立決意

人間の働き方、生き方は、時代によって変化しています。にも関わらず、日本では、依然として女性を社会的弱者と位置づけている硬直的な組織が支配的ですが、こうした境遇にあっても、したたかに生き抜いてきた女性も少なくありません。また、トップマネジメント層には、いまだ「グラスシーリング」（ガラスの天井）が存在していますが、ミドルやジュニア層には着実な進歩が見られており、女性管理職比率が50％に達したグローバル企業も現れました。このように漸進的に改善しているとはいえ、世界経済フォーラムのジェンダーギャップ指数などが示しているように、日本の現状は、世界に比べてまだまだ遅れています。ここに新たなモメンタムをもたらすには、マクロ的な調査や議論だけでなく、ミクロ的な実証と考察が不可欠です。

そこで私たちは、その研究対象として「資本市場で働く女性たち」を選びました。なぜなら、金融業界は他業界に比べて、グローバル化に伴うジェンダーレス化の取り組みが早く、実際、外資系金融機関において数多くの日本女性が上級職に登用されており、一定数以上のリアルなロールモデルが存在しているからです。本研究所の活動は、こうした資本市場で活躍している女性たちの「パーソナル・ヒストリー」という経験的証拠をひもときながら、共通する部分を抽出・分析し、広く共有を試みると同時に、異なる部分が示唆するユニークな知を探り出すことを基本姿勢としています。

こうして蓄積された実践知は、男性過多の日本において、金融業界のみならず、他の産業でのインクルージョン&ダイバーシティ活動を後押しするだけでなく、金融業界で働くことを希望する人たち、興味のある人たちへの有益なガイダンスになると信じています。

私たちは、まだ小文字の“we”ですが、みなさまの共感とご支援を賜りながら、いずれは大文字の“WE”へと飛躍したいと意を強くしております。

6．活動内容

一．昭和、平成、令和にわたって資本市場と金融業界を生き抜いてきた女性たちにインタビューを実施し、彼女たちのワークライフを「史実」としてまとめ、SNS等で紹介する。

一．上記の活動を継続する中で、一つの中間成果物として書籍の発行を目指し、シリーズ叢書を展開していく。

一．インタビューを通じて蓄積されていくソーシャルキャピタル（人間関係資本）、すなわち資本市場で活躍する女性たちのネットワークを活かして、高等教育、大学や各種専門大学院において、彼女たちの実践知やダイバーシティマネジメントの実学を学ぶ場を提供していく。

7．研究所ロゴマーク

CAPW
CAPITAL MARKET & WOMEN LAB

8．研究所メンバー紹介

・発起人　シニアアドバイザー　岩田宜子（イワタヨシコ）
・発起人　理事　三和裕美子（ミワユミコ）
・発起人　理事兼事務局長　姜理恵（カンリエ）

〈編著者〉
・姜 理恵（かん りえ）
光産業創成大学院大学　尖端光産業経営分野　准教授
・三和 裕美子（みわ ゆみこ）
明治大学　商学部　教授
・岩田 宜子（いわた よしこ）
ジェイ・ユーラス・アイアール株式会社　代表取締役

■ 激動《げきどう》の資本《しほん》市場《しじょう》を駆《か》け抜《ぬ》けた女《おんな》たち
—ダイバーシティ＆インクルージョンと価値《かち》創造《そうぞう》—

■ 発行日——2022年3月26日　初版発行　〈検印省略〉

■ 編著者——姜理恵・三和裕美子・岩田宜子

■ 発行者——大矢栄一郎

■ 発行所——株式会社 白桃書房

〒101-0021　東京都千代田区外神田5-1-15
☎03-3836-4781　Ⓕ03-3836-9370　振替00100-4-20192
https://www.hakutou.co.jp/

■ 印刷・製本——藤原印刷

 ISBN 978-4-561-22764-9 C3034